コミックエッセイ

敏感過ぎる自分に困っています

十勝むつみのクリニック院長
長沼睦雄
イラスト
えのきのこ

宝島社新書

夢や空想がリアルで現実と混同してしまう
色や音、においなどちょっとした刺激が気になる
悩んでいませんか？
いつも相手に合わせて「いい子」でいようとしてしまう
Yes
つい相手のことを考え過ぎて嫌だと言えなくなる
ひとりになる時間や空間があると助かる

監視や評価や
時間制限などを
されるのが苦手

周囲の人の
気分や感情に
左右されてしまう

敏感過ぎるあなたは
こんなことで

感情、言葉、行動を
表に出せず
抑えてしまう

とても疲れやすく
一度にたくさんの
ことができない

なぜか気になってしょうがない
ザワ ザワ
カタ
カタ
ワハハハ
はいはい 申し訳ございません
広告代理店 曇天《どんてん》企画 セールスプロモーション部
いつも部内の騒音が気になってしょうがない
ねえ誰かコピーとってよー
山本《やまもと》さん ☆〇堂さんの見積書は送ってくれたよね？
はい 昨日 メールで…
そうだよな!! 山本さんのことだから
間違いないと思ってたよ
ガハハハハハ

ガハハハ
この笑い声…
大きな声
この仕事がとれたら年間の売上目標にぐっと近づくからな！
ガタガタガタ
ガタガタ
ワハハハ
いつもの貧乏ゆすりも気になって……
頼むよー
どんどん疲れがたまってくる……
入社3年目
山本 シオリ
はあ
でも いろんなことが気になるのは今に始まったことではない

学生時代から
大勢いる席は苦手だった
ワイワイ
おかわりー
ガヤ
カンパーイ!
ガヤ
ひとりで
行動するほうが
ラクに過ごせた
山本さん
悪いけど
これ
コピーとって
くれない?
あっ
はい

山本さーん この資料入力してくれないかな
えっ
はい
ガタ
ガタ
山本さーん 明日の☆△商事の接待つき合ってくれないかなー
は はい…
相手のことを思うと断れない!!
だから残業も多くて他のみんなのようにうまく立ちふるまえない…
山本さん お疲れっ
まだかかるの? たまには飲みに行かない?
え…? はい… でも…
こ こういうのも苦手で…

こんなことで
悩んでるのって
私だけ？
とぼ
とぼ
ガチャ
ただいまー
あら　おかえり
遅かったのね
ごはん
チンしよう
か？
いつもの
風景…
放送席〜 放送席〜！ 今日のヒーローは
入団3年目で見事初勝利！ 小谷投手です！
？
ボーーッ

シオリ？
え？ あ…
ごめんなさい
今日は
食べてきたから
そうなの？
そういうときは
先に言って
くれなきゃ
ごめん
朝 言ったんだけどな
この1勝でやっと
チームの一員になれた
ような気がします
お姉ちゃん
疲れてるみたい
だね～
……
♪～♫～
♪～
どうしてこう
なっちゃうのかな…
NOって
言えない
……
私って変かな……

はじめに

実験心理学と深層心理学の両方のアプローチをとる稀な心理学者であったエレイン・N・アーロン博士が、25年の歳月をかけてようやく、自分の生まれもった神経の細やかさや高ぶりやすさが感覚刺激に対する「過敏性」なのだという考えに行き着き、HSP（highly sensitive person：非常にセンシティブな人）という概念にまとめあげました。それを博士論文にまとめ、HSPというタイトルで出版したのが1996年のことでした。

2000年に『The Highly Sensitive Person』〔邦題『ささいなことにもすぐに「動揺」してしまうあなたへ。』（講談社、現SB文庫）〕と『The Highly Sensitive Person in Love』〔邦題『敏感すぎてすぐ「恋」に動揺してしまうあなたへ。』（講談社）〕の邦訳で翻訳出版された際にはあまり注目されませんでしたが、アーロン博士と同じく、かなりのHSPである苑田純子さんが、ご自身の不調の原因を解明すべく社会人大学でHSPを研究し、その成果を『敏感すぎて困っている自分の対処法』（2015年、きこ書房）にまとめて出版したのを契機に、「敏感過ぎて困っている人」たちに反響を呼びHSPが広く知られるようになりました。

２０００年当時、私が自閉症療育に携わっていたときにＨＳＰという概念を知り、発達障がい児の感覚過敏性の説明に新たな視野が開けた思いがして、すぐに臨床研究を行い、健常者と同じく発達障がい児にも、障がい特性に関係なくＨＳＰが20％程度存在することに驚かされました。

彼女はこの本のなかで「敏感過ぎるというのはどういうことか」についてご自身の経験も交えて詳しく説明しており、ＨＳＰの乳幼児期や子ども時代、思春期の特徴やＨＳＰと内向性との違い、ＨＳＰを活かす天職、敏感な愛の難しさ、心の傷を癒すこと、医者と薬とＨＳＰ、さらには魂とスピリットにまで言及し、ＨＳＰの本質的な特性を描き出しています。

ＨＳＰは、それまでは恥ずかしがり屋、内向的、引っ込み思案、始めるのに時間がかかる、怖がりなどと呼ばれていた性質の背景にある感覚処理過敏性(sensory processing sensitivity）に注目して概念化したもので、アーロン博士は心理学的な愛着や気質や性格理論だけではなく、神経科学の最先端の脳理論とユング心理学的なスピリチュアルな解釈をもとり入れ、とても包括的で統合的な視野のなかで敏感さについて議論しています。

HSP研究のなかで見逃してはならないのは、HSPとは正反対の性質に見えるマービン・ズッカーマンが提唱したHSS（highly sensation seeking）という遺伝的気質をHSPとの組み合わせで議論している点であり、人間のなかにある「刺激が怖いのに刺激を求めてしまう」、あるいは「刺激を求めているのに刺激が怖い」などの性質をうまく説明しています。

その後の研究により、HSPの根底には、深く処理する、過剰に刺激を受けやすい、全体的に感情の反応が強く、特に共感力が高い、ささいな刺激を察知するの4つの性質が必ずあるとアーロン博士は説明しています。

HSPにおける感覚処理敏感性は連続する分布のなかの程度の差では説明できず、これを程度と頻度の2軸グラフにしてみると、大部分の人が中間値付近に分布するような山形になるのではなく、大多数が片方の山に位置し、残りの少数がもう片方の山に位置するという2つの山に分かれるというのです。つまり、HSPは多数派がもたない少数派の気質であって、大多数のなかの程度の差ということではなく、少数派のなかにも程度の差があるということのようです。

ｉＰＳ細胞の研究で知られたように、人のゲノムには遺伝子の発現に必要なスイッチの部分があり、遺伝子の発現には環境によるスイッチ操作が影響する、つまり遺伝子は環境で変化するという考えが明らかになっています。ですからＨＳＰには、生まれもった遺伝子的素因以外にも環境の要因もあると考えることができますが、アーロン博士は「敏感性の進化的な理由」という観点から、ＨＳＰ

は「主に」遺伝子で決まると考えているようです。

人間は心を深く傷つけられ癒されないままでいると、それが心の傷（トラウマ）となって残り、触れられたり押されたりすると痛む「神経の過敏性」を生じます。この二次的にもたらされた感覚過敏性とＨＳＰの生まれもった過敏性とを、どう区別すればよいのでしょうか。

ＨＳＰが主に遺伝的気質であると考えることがとても重要だと思う理由のひとつは、発達障がい療育のなかで障がい特性が、生まれもった高次脳機能障がいが原因であるにもかかわらず、母親の子育てが原因であるかのような言われ方をされ、育児に悩んでいる母親が苦しめられた歴史があるからです。

もちろん、劣悪な環境での子育てや発達障がい特性があると気づかずに過剰な叱責や過保護・過干渉な子育てをした影響は少なからず生じるわけですが、生来の特性をもとに変化が生じるという、素因と誘因の両方を視野に入れた議論が必要だと思います。

もうひとつの重要性は、トラウマ治療の際にも、トラウマ症状の背後に、発達障がい特性やＨＳＰ気質がどれだけあるかを視野に入れておくことが大切だと思うからです。

生まれもった特性や気質は変えられなくはないのですが、環境によって二次的に生じたものは手放し、生まれもった一次的なものは受け入れる勇気が必要です。

ＨＳＰに関する知識や理解は、心の専門家たちにおいてさえ、まだまだ不十分であり、敏感過ぎる自分にどう対処してよいかわからずに困っている人たちがたくさんいます。

本書がＨＳＰの理解を深める役に立ち、ＨＳＰという概念があなたの生きる苦労を癒してくれる心の居場所になることを願っています。

目次

第2章

「敏感過ぎる気質」が原因だった

第3章

HSPのことをもっと知ろう

主な登場人物

山本家

父

毎日の晩酌と野球観戦だけが楽しみの無口なお父さん。58歳。

思っていることを口に出せない
ひとりでいるときが一番落ち着く
社内の騒音でストレスがたまっている

母

しっかり者でがんばり屋さん。少しおせっかいなところもある。54歳。

山本《やまもと》シオリ

広告代理店に勤務し現在3年目。内気だが、細かい点によく気がつくので会社では重宝がられている。25歳。

妹（ユイ）

今年、短大を卒業してOLとしてはたらき始める。姉とは対照的に社交的。21歳。

心療内科の先生

ベテランの開業医。遠方からも多くの患者さんが来院する。55歳。

曇天《どんてん》企画 セールスプロモーション部

池谷《いけがや》 部長

シオリが所属する部署の部長。強引でデリカシーがない。52歳。

堤《つつみ》 課長

シオリの直属の上司。押しの弱い面があるがやさしい性格。35歳。

第1章

私だけ、ちょっと違う…？

騒音や人のクセが気になり過ぎて疲れちゃう
学生時代から絵を描くのが好きでクリエイティブな仕事をしたいと思っていた
こちらがお見積書です よろしく お願いいたします
あとで担当の堤《つつみ》から ご連絡を 差し上げますので
では失礼いたします
ペコ
ごくろう さま
はぁ

3年前の就職戦線……
大手メーカー
出版社のデザイン部門
志望動機は…
大手は全滅…
不採用
不採用
不採用
不採用
不採用
また…
唯一 採用してくれたのが
今の会社
採用
たった1社だけか…
第1希望も
第2希望もダメだった…
はあ
それでも1社
内定をもらっているんだから
そこでいいんじゃない？
え…
うん……
MOM
NO

親を心配させるのが嫌で
はたらき続けているけど
ほぼ雑用と
書類の配達係の日々……
いつになったら
こんな広告
自分で
つくれるのかな
……
ただいま戻りま…
ガヤ
ガヤ
明日の準備が
全然
できていない
じゃないか!!
ハッ
部長と
堤課長…

キミのプライオリティってどうなってるの!!
ガミガミ
相変わらず大きな声…気になって集中できない……
×○百貨店のプレゼンのほうが大事に決まってるだろ!!
人が注意されていると私までドキドキしてくる……

コンセプトメイクはオレがやっただろうあとは実施案だけじゃないか!!
こんなんじゃクライアントに響かないぞっ
ったく…だいたいなあ
もうやめて……
堤課長って部内では「堤防」って言われてる
堤課長が防波堤になってくれるから
私たちにはあまり災いが及ばない…
ザ
ブ

山本さーん
山本さーん
ビクッ
今度は私!?
なんだろう
ドキ
ドキドキ
ちょっと
山本さん
悪いけど
この書類を
2時までに
☆△商事に
届けて
スッ
あ…はい
それから
このデータを
○×印刷に
2時半までに
届けてくれ
え…
ぐい

☆△商事から○×印刷まで40分かかるのに…
タクシーで行けば間に合うか… いや 先に○×印刷に届けてからのほうがルート的にいいかな…
○×印刷
☆△商事
すぐにタクシーに乗れば間に合う
はい わかりました
頼むね
こんなとき 我ながら機転がきくと思うけど
あっ 山本さん
えっ 何?
戻ったら3時から新規のオリエン報告会だからねっ
3時!?

もうそろそろ山本さんにも仕事を任せたいからねー
じゃよろしくねー
はっはいっ
でも時間を区切られたり急かされたりすると
やばっ もうこんな時間…
思うように力を発揮できない…
TAXI
おーい 止まってー
3時になんか戻れるわけない…です…
仕事を任されたら私も堤課長のようになっちゃうかも…

なぜか先が読めたり異変を察知できたりする
セールスプロモーション部会議
なんとか新規案件のオリエン報告会には間に合った…
…でありまして
月雲シューズの新スニーカー「Buttoby《ブットビィ》」の販売プロモーションの提案です
ま まさか この案件を私に？
く… くるかも…
ギュッ

なお本件は 新規顧客獲得月間にアプローチしたもので
大手とのコンペになります
学生時代から不思議と人の考えていることがよくわかった
ではこのhaveは…
うわ…次あたりそう…
English
先生の目の配り方やしゃべり方で自分が指されるって察知できた
はい 山本さんここを訳してください
やっぱり!!
はっはいっ

お母さん
他にも
これでしょ？
この間
棚の上に
置いてたよ
あー そうそう
シオリ
よくわかったわねー
じゃ
いってくるわね
いって
らっしゃい
したがって
キッ

ここは
何がなんでも
とらなきゃならん!!
何がなんでもとるって…
こんな
大事な仕事
私には
荷が
重過ぎる…
そわ
そわ
本件は
山本さんが
メインで
やってくれ
きっ きたーーー!!
堤くん
サブでついて
やってくれ
新規だから
まずは資料集めだ
はい
さっそく
制作の
メンバーと
相談いたします
うそ…なんだか
トントン拍子で
進んでるし
もうダメ…
心臓バクバク
してる…
ヒャーッ

10歳頃から「敏感過ぎる自分」を意識し始める

大人しいＨＳＰの子どもたちは3歳頃までは自分だけの世界にいることが多く、見えない存在や植物や動物と交流していたりします。安心・安全で守られた環境で育った場合、言葉や交流が遅れていても、自分のなかに「心の資源」があり、子どもは楽しく過ごすことができるのです。

しかし、ＨＳＰでも発達障がいがある場合には、環境の変化や刺激に耐えられず、慢性的に神経の高ぶりが続くため、かんしゃくやパニック、不安症状やこだわりが目立ちます。環境により慢性的に神経が高ぶり、親から十分な愛情が得られないようなとき、子どもは「自分はこのままでいいんだ」という絶対的な安心感が得られず、幼児期に解離して自分から離れたり、別人格を生み出したり、想像上の友達をつくったりして厳しい現実に対処します。

その後、9～10歳頃になると、身体も精神も質的に大きく変わり出し、自分のダメなところを客観的に見られるようになったり、考える力が増したり、感情を言葉で表現できるようになってきます。また、周りの子たちの目が気になり出し、人の立場で考え行動するようになります。

それまで自分の世界にいてあまり意識することのなかった自分の家庭や過去の経験などが「何かおかしい」、自分は周りの子たちとは「何か違う」と自分のことが気になり出したり、「みんなと同じにならなければ」とあせりやプレッシャーを感じるようになります。

敏感過ぎる人の特徴❶

さまざまな刺激に敏感

ここからは敏感過ぎる人のさまざまな特徴についてひとつずつ見ていくことにします。

敏感過ぎる人は、さまざまな刺激に反応してしまいます。五感、第六感、超感覚、身体感覚、脳活動など、そのどれがどのくらい敏感過ぎるのか、程度は人によって異なりますが、他の人が気にならないようなささいな感覚刺激に気がつき反応してしまいます。

視覚であれば、人の集まる雑踏にいるだけで動きや雑音や視線に人酔いしてしまい、ぐったり疲れたり、普通の人は気がつかないさまざまな色、光、もの、できごとを無意識にとらえ、反応して違和感を覚えたり……。聴覚であれば、外や別室から聞こえるちょっとした物音や声が気になったり、人並み外れた音感のせいで不協和音に気をとられたり……。触覚であれば、衣類の素材やタグやしめつけが気になったり、触られることに敏感であったり……。嗅覚であれば、部屋や人のにおいが気になって気持ち悪くなったり、人の気づかない微妙なにおいに気づいたり……。味覚であれば、食べものや薬の味や食感にこだわりがあったり、ちょっとした味つけの変化がすぐにわかったり……。

敏感過ぎるのは五感の世界だけとはかぎらず、普通の人は気にもならない化学物質や気圧や電磁波に身体が反応してしまったり、普通の薬の量にもかかわらず副作用が出てしまったり、他の人には見

いったい いくつの敏感過ぎるセンサーをもっているのだろう…

えないものが見えたり、聞こえない声が聞こえたり、夢や空想がとてもリアルで現実と区別がつかなかったりします。

けれども、いずれも普通の人には感じてもらえないので、この感覚や疲労感を誰かに伝えようとしてもなかなかわかってもらえない……という悩みや困り感を抱えています。

敏感過ぎる人の特徴❷
感じていることをうまく言い表せない

敏感過ぎる人の特徴のひとつに、感情、感覚、イメージ、直感などをたくさん感じているのにそれをうまく言い表せないというものがあります。

これには脳のシステムが大きく関係しています。言語機能は通常、左脳の前頭葉にあり、感覚情報を概念化したり抽象化して言葉に変換し、表出するシステムです。一方、脳には現在の情報を過去の情報と瞬時に照らし合わせて、自分にとって危険か有害かを判断し、神経を反射的に反応させる扁桃体システムがあります。

HSPは感情、感覚、イメージ、直感などの感覚情報が豊か過ぎることや、扁桃体システムが強力過ぎてブレーキがかかりやすいために、スムーズに言語化できないことが多いのです。その結果、行き場を失った思考や感情や感覚がどんどんたまり、まとまらなくなってしまいます。

たとえるなら、腸内で発生したガスが吸収されずにたまり、ガス抜きができない状態です。たまりにたまった思考や感情や感覚は、限界を超えるとコントロールできずに外に漏れ出します。それを抑えようと格闘し、ヘトヘトに疲れてしまいます。

行き場を失った思考や感情や感覚、さらにはイメージや直感までもが脳を駆け巡り、危険や有害を察知した扁桃体システムが警告を鳴らし続けることになり、フリーズしたりパニックを起こしたりするのです。

席を立つと相手を傷つけるかも…

敏感過ぎる人の特徴❸

嫌だと言えない、断れない

幼少期の無邪気なときや発達障がいや愛着障がいがある場合は別として、10歳を超えたあたりから、嫌だと言えなかったり断れないことが多くなります。

相手を思いやる心が強く、相手の心を見通してしまうことはその一因です。また、過去に相手を傷つけたことを思い出し、そんな自分を責め、自分に自信がないことが多いのです。

相手に話しかけられたときに、過去の記憶や想像したり先読みしたイメージなどが頭を駆け巡り、さまざまな思考や感情や感覚、イメージや直感がはたらき、すぐには反応できな

いことがあります。思考を巡らせている間に、いつの間にか断るタイミングを失い、相手に言いくるめられてしまいます。

敏感過ぎる人は、自分と他人の問題を区別し自分を守る境界線が弱いので、関係のない問題に巻き込まれたり、予期せぬほどたくさんの人に嫌な思いをさせられたり、必要以上に口出ししてしまい嫌がられたり、人間関係の泥沼に引きずり込まれたり、相手と知らぬ間に深くつき合うことになったりしやすいのです。

敏感過ぎる人の特徴❹
監視や時間制限や評価を嫌う

監視や時間制限や評価を嫌い、集団でいるよりひとりでいるほうが居心地がよいのも、敏感過ぎる人の特徴です。

子どもの頃から、親から安心・安全や信頼が得られなかった場合、親から受けた心の傷が大きく、困ったときに相談する相手が周囲の大人ではなく自分のなかにできることがあります。

安心・安全や信頼が得られず、いつでも周囲から影響を受けてしまう場合には、警戒心がとても強くなってしまいます。

細かいところによく気がつくため、人に言われる以上のことにすでに自分で気がついていることもあります。人の言葉ではなく、表情やしぐさ、感情や雰囲気に反応してしまい、相手が何も言わなくても気になってしまいます。人にはわからなくても自分はそう感じるため、人がなんと言おうと自分の感覚を信じ続けます。

いつも自分の本音や本心は隠し、反射的に相手に合わせてしまうので、本当に理解されている気がしないのです。

自分が知っているやり方をなかなか変えられず、その場とは関係のないことを空想していることがあるので、要領よく時間通りにこなすことが難しいのです。

その結果、どうしようもなく頑固でこだわりが強く、突然の変化に弱く、かんしゃくを起こしたり、パニックになったりしてしまうのです。

シオリさんはノロマかもしれないが
監視や時間制限や評価がなければ誰よりも能力が高い

敏感過ぎる人の特徴⑤
周囲の人の気分や感情に左右される

敏感過ぎる人は、周りの人の気分や感情、雰囲気や気の強さに影響を受けてしまいます。

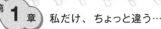

楽器の音合わせなどで使用する音叉《おんさ》は同じ周波数に同調し、空間を隔てて振動が伝わり、共鳴し合います。人の心にも気分や感情などに共鳴する音叉のようなものがあるとした場合、敏感過ぎる人は普通の人よりももっている音叉の種類や数が極端に多く、大きさもより大きいと言えるのではないでしょうか。相手の心の、ある周波数の音叉のひとつが少しだけ振動したら、自分のなかのたくさんの音叉が共鳴してものすごく振動してしまう……しかも、マイナス感情の音叉ほど種類も数もたくさんもっているのだとしたら、なんて生きづらいことでしょう。

普通の人は目の前にいる人の話を聞いて感情の音叉が振動する程度なのですが、敏感な人は、遠くにいて話もしていない人の感情も、意識もしないのに入ってきてしまうのです。
怒りや悲しみ、悩みや苦しみ、恨みやつらみを抱えた人たちの傍にいると、狙われていたかのように、相手の気分や感情をもらってしまうのです。マイナス感情の音叉が勝手に共鳴しないようにする方法はないものでしょうか？

多くの敏感な人は、健全な環境で育つなかで自他を区別する境界線がつくられ、勝手な共鳴を防ぐ技や方法を自然と身につけていきますが、敏感過ぎる人のように日々緊張にさらされて心に侵入され傷つけられ、自分を守る余裕もない生活のなかではそれが難しくなります。

いつマイナス感情の音叉をそんなにたくさんもつようになるかというと、生まれながらもっているということもありますが、育ちのなかで相手のものを知らないうちにとり込んでしまうということも多いのではないでしょうか。

音叉は主に楽器の音程を
合わせる道具として
使われています
人の感情も音叉に
たとえることができ
お互いに共鳴し合って
生活しています
ところが 敏感な人は
音叉をたくさん
もっていて
相手の音叉に
共鳴して
ものすごく
振動し
疲れ果てて
しまいます

母に心療内科をすすめられた
ねぇシオリ あなた 大丈夫？
このところ 帰りが遅いし ごはんも全然 食べてない じゃない
うーん… 仕事が 忙しくて…
仕事仕事って… よくテレビで ブラック企業 なんて 言ってるけど あなたの会社は 大丈夫なの？
うん 大丈夫… なんで？
だって あなたが そこまで疲れてること 今までなかったから
ハッ
お母さんに 心配かけちゃ ダメだ…
だ 大丈夫だよ
近くに 個人で やってる 心療内科がある みたいなの
ちょっと話を 聞いてもらうだけでも いいから 行ってきたら？ ね？
そんなこと 言ったって
急に会社を 休んだら 迷惑がかかるし…
ぐる
ぐる
もや
もや

第2章

「敏感過ぎる気質」が原因だった

生きづらいのは自分が弱いから…？
心療内科 CLINIC
母のすすめで心療内科を受診した
広い…きれい……
エッチ・エス・ピー？
HSPは刺激に過剰に反応してしまう「敏感過ぎる気質」をもつ人のことです
そ それって治りますか？
HSPは病気ではないんですよ あなたのような気質をもつ人は5人に1人くらいいるんです
はあ…

山本さんは日頃職場でよく気がつくと言われるでしょう?
ここまでていねいにやってくれてありがとう
間違いに気づいてくれて助かったよ
はい　どうすれば喜んでもらえるのかって相手のことばかり考えて…
そうですね敏感過ぎる山本さんの神経は絶えず休みなく過剰にはたらいている状態です
しかも発散できずに疲れがたまっていくんです
たしかに人と比べて私って敏感過ぎるのかも…
ガチャ
ガタ
ガチャ
ガタ

その気質はなかなか変えられません
えっ
ではどうすればラクになるのか
段階を追ってゆっくりと考えていきましょうね
① 自分を知る
② 心構えをつくる
③ 対応法を身につける
HSP
決して山本さんは弱い人間ではありません自分を責めないでください
はいがんばります
そんなにがんばらなくていいんですよ

自分のなかに
他人が入り込んでくる
もうこんな時間になっちゃった
おはようございます
午前中いなかっただけなのに仕事がたまっている……
山本さん
ビク
ポン
遅くなってすみません
悪いんだけどそこに置いてある仕事頼んだよみんな手いっぱいでね

部長って
悪気はないと
思うよ…
は
はい…
課長
お疲れさまです
私は
そろそろ…
ああ
遅くまで
お疲れさま
あっ それって月雲シューズの
資料ですか…？
あ これ？
山本さん
ひとりじゃ
大変だと
思って…
それにボクは
責任者だし
部長も何かと
うるさいしね…
課長…私のせいで……
気づかなくてすみません

課長には2歳になる娘さんがいるのに…
ザバーン
クッ
パパー
早く帰ってきてねっ
パパー
あれもこれもやらなくっちゃ～
部長のご機嫌を損ねないようにしないと飛ばされるかもなー
課長大変過ぎる…
トン
いつも こうなっちゃうのよね……
私にもやらせてください
悪いね
相手から影響を受けて自分まで悲しくなったり同情し過ぎたり…
やっちゃった
私も…
その人に過剰に同調しちゃう
カタ
カタ
カタ

家でも本当のことが言えない
すっかり遅くなっちゃった
!
ただいまー
ZZZ
お父さん…
ZZZ
物心ついた頃に父はリストラにあって職を転々として苦労した
私もはたらきに出ようか?
大丈夫なんとかなるさ
日日スポーツ
家計を支えるために母も介護の仕事で忙しくなって…
遅くなってごめんねー
バタ
バタ
今ごはんつくるからねー
おなかすいたー

父はなんだか
寂しそうだった
……
いって
きます
身体に気を
つけてね
キィ
おかえり
今日 心療内科に
行ってきたんでしょ?
どうだったの?
うん…
たいしたこと
ないって
あ…
スッ

お母さんが大変そうだから思っていることが言えなくなった
ガチャ
はあ
弱い面を見せないで
疲れちゃったな…
でも お母さんはもっと大変なんだ
私がしっかりしないと…
どこがわかんない？
家ではずっと「いい子」を演じてきた
こんなに がんばってきたのに～
でも言えないよ～～～
眠れなーい

いつも「悪いのは自分」って考えてしまう
昨日の反動かな… 眠い…
山本さーん
あ 部長が呼んでいる
はっ はいっ
ハッ
山本さん 昨日の資料だけど ほらここ 数字が 間違ってるよ
えっ でも
部長からの メモには…
ん? ただの書き間違いだよ
それくらい 気づかないとダメでしょ
……
申し訳ありません すぐにやり直します

急いでねー
ああ…どうして気づかなかったんだろう
カタカタ
仕事が重なると頭が思うようにはたらかなくなっちゃう
カタタタ
カタタタ
やっとおわった…
お腹すいた……
グ
でも今日の仕事がまだ手つかずだしもう少しがんばろう
あ……

「がんばろう」と思うのは疲れているサインだと思って休憩するようにしましょう
・がんばりすぎない
・合わない環境を回避する
・たくさん抱え込まない
etc...
そうだった… 休憩 休憩
疲れを感じるのは自分を守る機能がはたらいている証拠だもんね
よし
すみません
食事に行ってきます
あ いってらっしゃい
久しぶりに本屋さんに行こうかな
ちょっと調べたいこともあるし
あ でもお昼じゃ時間が足りないか…
帰りがけに行こうっと
少しずつでも変えていきましょうね
あせらない あせらない

あなたは「敏感過ぎる」？
HSPセルフ・チェック

以下の質問にあなたが感じるままに答えてください。少しでも思いあたれば「ある」を、まったく思いあたらない、あるいはそれほどでもない場合は「ない」を選んでください。

- 身の回りの微妙な空気の変化が読める……………ある　ない
- 他人の機嫌に振り回される……………………………ある　ない
- 痛みに敏感だ…………………………………………………ある　ない

- 忙しさが続くと、ひとりきりになれる場所に閉じこもりたい衝動にかられる …… ある　ない
- カフェインに弱い …… ある　ない
- 刺激の強い光やにおい、手触りや音が耐えられない …… ある　ない
- 自分の内面は複雑で奥が深い …… ある　ない
- 大きな音が苦手だ …… ある　ない
- アートや音楽に深い感動を覚える …… ある　ない
- 真面目である …… ある　ない
- びっくりしやすい …… ある　ない
- やることがたくさんあるのに、時間に余裕がないと慌てる …… ある　ない

- 周囲の人の様子を察して、その人のためになることがわかる（照明の具合や席を変えるなど）……ある　ない
- 一度にたくさんのことを要求されるとイライラする……ある　ない
- 失敗や、もの忘れをしないようにいつも注意している……ある　ない
- 暴力描写が多い映画やテレビは極力避ける……ある　ない
- 周りでたくさんのことが起きていると心がザワつく……ある　ない
- お腹がすき過ぎていると、思考や気分が乱される……ある　ない
- 生活の変化に動揺しやすい……ある　ない
- 繊細な香り、味、音、芸術作品が好きだ……ある　ない
- どうしたら大変な状況に陥らずにすむか、いつも考えて行動する……ある　ない

・何かをしなければいけないときに、競争相手がいたり、人に見られたりすると、緊張して力が出せない……ある　ない

・子どもの頃、親や先生から繊細で内向的だと思われていた　ある　ない

自己採点

12項目以上「ある」と答えたあなたは「敏感過ぎる」と考えてよいでしょう。しかし、どんな心理テストも人生を正確に診断することはできません。たとえ「ある」が少なかったとしても、きわめて強い傾向があるようであれば「敏感過ぎる」と判断してもよいでしょう。本章で詳しくHSPを解説していきますので、自分自身の理解を深め、私たちが生きている「あまり敏感ではない」世界で生きるためのヒントにしてください。

『The Highly Sensitive Person』エレイン・N・アーロン著より意訳作成

知っていましたか？「ＨＳＰ」という言葉

ＨＳＰ＝highly sensitive person――日本語に訳すと「とても敏感な人」という意味です。ＨＳＰという概念は、アメリカの心理学者、エレイン・Ｎ・アーロン博士により、１９９６年に提唱されました。彼女が出版した『The Highly Sensitive Person』（邦題『ささいなことにもすぐに「動揺」してしまうあなたへ。』（現ＳＢ文庫））と『The Highly Sensitive Person in Love』（邦題『敏感すぎてすぐ「恋」に動揺してしまうあなたへ。』（講談社））がベストセラーとなり、その新たな概念が世の中に知られることとなりました。

なぜ、彼女はＨＳＰという概念を提唱できたのか？ それは、彼女自身がささいな刺激にも反応してしまう「超」がつくほどのＨＳＰだったからです。博士は実験心理学と深層心理学の両方のアプローチをとる稀な心理学者でしたが、「敏感さ」を研究するにはこの２

つが必要でした。研究していくうちに、自分が生まれつきもっていた神経の細やかさや高ぶりやすさが、感覚刺激に対する「過敏性」なのだという考えに行き着いたというのです。

私がアーロン博士の著書を知ったのは本が翻訳出版された2000年のことでした。その頃の私は自閉症の感覚障がいを臨床研究していたのですが、アーロン博士が「五感を超えた感覚の過敏性」や「愛着の大切さ」にも目を向けていることを知り、自閉症を理解するのに新たな視野が開けた思いがしてすぐに敏感さの調査を開始しました。自閉症的な子どものなかには、たしかにコミュニケーションが苦手で、こだわりはあるものの素直で純粋で人を信じやすく優しい子、人を守りたいという気持ちが強く向上心が強い子、真面目で責任感が強く共感性が強い子などがいました。高い知性をもち思考力や直感力もあるので、障がい的には見えるがHSPだろうという子どもに出会うようになりました(＊)。そういうすぐれた素質や才能をもって生まれた子どもたちですが、安心・安全や信頼のない厳しい家庭（虐待的とはかぎらず、過保護・過干渉な場

＊スピリチュアルの世界では、「子どもなのに大人の世界のことが理解できる」などの特殊な感覚をもった子どもたちは、「インディゴチルドレン」「クリスタルチルドレン」「レインボーチルドレン」などと呼ばれます。

合も含めて）に生まれてくることもあり、大人になるまでにたくさんの苦労を経験しトラウマを抱え、次第にマイナス感情がたまって精神的に苦しんでいくことも少なからずあるのです。

精神科臨床を続けるなかで、患者さんのなかに、周りのできごとや人の気持ちに対して非常に敏感で直感力にすぐれた人が、病気や障がいの有無や年齢にかかわらず一定数いることが確認できました。単なる性格や思考のクセだけでは説明のつかない、過剰な敏感さをもった人の存在が、アーロン博士の研究によって明らかになったのです。

5人に1人は生まれながらにHSP

HSPの概念の提唱者であるアーロン博士は、1990年代にアメリカで行った、あらゆる年齢からランダムに選ばれた300人を対象にした電話調査の結果、全体の20%が「極端に敏感」または「かなり敏感」であり、22%が「適度に敏感」であり、42%が「まったく敏感でない」であったと報告しています。

また、臆病、心配性、恥ずかしがり屋、神経質、内向的などの性質は、HSPが安心・安全感や信頼感が得られない環境で育った場合に現れる「獲得された特徴」でしかなく、適切な環境では30%もの人が好奇心旺盛で社交的な性質をもてるとも述べています。

最近のHSPの脳科学的な研究を踏まえ、アーロン博士は、「HSPには①深く処理する、②過剰に刺激を受けやすい、③共感力が高い、④ささいな刺激を察知する、の4つの側面すべてがある」と述べていますが、単に感覚的に敏感であるというだけではこれだけの条件を満たすことはできませんし、そうでなければＨＳＰが「他の人とは何か違う」と違和感をもち、普通になろうなどと悩むことはないでしょう。

自分の心や身体の不調がどこから来るのか、なぜこんなに疲れやすく、どうして一度にたくさんのことができないのか、いつからマイナス感情だらけになったのか、不安や抑うつはなぜよくならないのか……そんな生きづらさや困った気持ちを抱えている人たちをひと言で言い表してくれる適切な説明や概念がこれまでなかったのです。

ＨＳＰと非ＨＳＰでは感覚を受け取る過敏性の質が違うのですから、「なぜ自分は他の人たちより弱いんだろう」と自分を責める必要などなかったのです。ただ単に、あなたと同じ感度の人たちが少なく、それを説明してくれる人がいなかっただけなのです。

動物の世界にもHSPはいる
ん？
わ〜い♪
わーい
ムッ？
!
チューーイ注意ーー!!
!!
!
ちっくしょー!
逃げろ〜〜〜
HSPの敏感さは生物の生存戦略とも言える
おかげで助かったよー
ありがとーー

HSPは、性格ではなく気質。変えることはできないが……

「気質」と「性格」の違いとはなんでしょう。

気質は刺激などに反応する生まれながらにもっている行動特性であり、性格は育ちながらつくられていく考え方や行動のクセのことです。生まれもった遺伝情報と環境による遺伝子の発現調節の関係と同じように、生まれもった気質といえども、その発現様式である性格は環境に影響され変化します。

気質と環境との相互作用により多様な性格や人格が形成されますが、これは必ずしも不変なものではありません。

なぜかというと、人間の脳や身体は自分でも意識できないエネルギーと一体であり、それが変化することで脳や身体も変わってくるからです。意識の解離や憑依などによる一過性の変化だけではなく、至高体験（自らの要求が実現し興奮するような体験）や底つき体験（これ以上にひどい状態はない体験）、ショック体験（心に傷を負うような体験）、アッハ体験（達成感を得られるような体験）、さらには外傷や病気などでも人は大きく変化します。

人間は変化する生きものであり、大きく変化する際には、自分の弱さを知り、それを認めて受け入れ、新たに生きる技や方法を身につけるのです。さらに大変換や大反転

を起こすためには、それまでの自分がつぶれてゼロになり新たな自分をつくり出すような勇気と覚悟が必要です。

あなたのこれまでの生活や生き方を大きく変えることにより、きっと悩んできた生きづらさから解放されていくはずです。

HSPに伴いやすい身体症状や精神状態

ＨＳＰが安心・安全や信頼の得られない環境で育ったり生活したりすると、さまざまな身体症状や精神状態になって表に出てきます。

ＨＳＰ診療をしていて多く診る身体疾患としては、過敏性腸症候群、多汗症、生理前症候群、慢性疲労症候群などの中枢性過敏症候群、化学物質や電磁波の過敏症、不眠症、過眠症、悪夢、入眠時幻覚、ナルコレプシーなどの睡眠障がい、緊張性頭痛、偏頭痛、線維筋痛症などの慢性疼痛症などです。

また、合併しやすい精神状態としては、パニック症、社交不安症、強迫症などの不安障がい、抑うつ不安症、うつ病、気分変調症などの気分障がい、記憶の空白、フラッシュバック、幻声、内在性人格、離人感、現実感喪失などの症状をもつ解離性障がい、自生思考、気づき亢進、被害念慮、思考停止、記憶障がいなどの症状をもつ統合失調症様状態などです。

　もちやすいパーソナリティー特性としては、自己評価が低く周囲からの評価に左右されて極端に不安になり、本音を言えないアダルトチルドレン（103ページ）、寂しさと孤独感が心の中心にあり、怒り、自暴自棄、絶望感、孤立無縁感、寄る辺のない不安感、激しい落ち込みなどの感情を繰り返し経験する境界性パーソナリティー、等身大の自分をもたず、自分が思い描

いている自分と、とり柄のない自分の2つに分かれてしまう自己愛性パーソナリティーなどが挙げられます。

あなたに思いあたる症状はあるでしょうか？

HSPに見られる神経系の変化

自律神経系は、脳の「交感神経中枢」を介して心臓や腎臓とのフィードバック回路で調整され、全身の臓器での交感神経の活動は、延髄や脊髄からの「副交感神経系」で抑制され調整されています。

「交感神経」は目覚めているときや興奮しているときに優位になる神経で、「副交感神経」は睡眠時やリラックスしているときに優位になる神経です。

通常はこの両者の拮抗作用で生体の恒常性が保たれているのですが、慢性のストレス状態が続くと、この拮抗作用が崩れてしまい両神経系がともに高ぶった状態になり、限界を超すと神経活動がシャットダウンしてしまう「超限界抑制」をきたすと言われています。また、長期的な神経の高ぶりはセロトニン神経系の活性を下げて、不安・抑うつ状態をもたらします。

神経伝達物質のひとつであるセロトニンを介する神経系は、気分の調整に関わっており不安や抑うつに関係しています。

周りに影響されやすい人はセロトニン運搬遺伝子のS型をもっていることが多く、これをもつ人は感覚処理感受性という「情報を人より強く深く処理する傾向」をもち、ほとんどのHSPにこれが備わっていたとの研究報告があります。

交感神経と副交感神経の
バランスが
保たれているとき
副
交
リラックス♪
ムリ〜
自律神経
しかしHSPはどちらの神経も
フル回転してしまい
やがて……
副
交
グラッ
感動〜!!
もっと仕事やん
自律神経
こうなることも
あります
ガラガラ
ガラガラ
シャットダウン!

ＨＳＰに見られる脳の特徴とは？

脳科学の観点でＨＳＰを分析すると、「右脳優位の人」と言うことができます。左脳が言語の脳と呼ばれるのに対して、右脳は感性の脳と呼ばれ、直感や文脈、感情や感覚、イメージや空間認識力などを主に司ります。右脳にある「島《とう》」や扁桃体システムやミラーニューロンシステムなどが左脳よりも優位にはたらいているとの研究があります。ＨＳＰが直感力や感性、想像やイメージなどにすぐれ、夢や想像を現実のようにリアルに感じてしまうのはそのためです。

脳には外部からリアルな情報を得て内部で処理して認識する経路と、内部にある記憶や身体から生じた感覚を認識し外部に表現する経路の、方向の異なる2つの情報処理経路があり、ＨＳＰでは後者のはたらきも強いために、目の前の仕事に集中できずおろそかになりやすいのです。

脳内の情報処理量がきわめて多いのもHSPの特徴です。ひとつの感覚のとり込みが強く、複数の感覚が多様に混ざり合い、五感を超えた感覚も活発なため、他の人が気づかないような日常の小さな変化にも気づくことができるわけです。

さらに、脳には好奇心や動機に基づき行動を起こす「行動活性化システム」と不安や危険を感じて行動を止める「行動抑制化システム」の拮抗する2つの機能があり、

脳では2つの行動システムがせめぎ合っている

行動のバランスを調整しています。しかし、ＨＳＰでは活性化システムの強弱に関わらず抑制システムのほうが、より活発にはたらくため行動を抑えてしまいます。

現実のことを複数同時にこなすマルチタスクが苦手であるのもＨＳＰの特徴ですが、それには外部からの情報をとり入れ過ぎていたり、内部処理が活発過ぎたり、行動抑制が強過ぎたりするなど多くの神経機能が関係しています。

HSPとは対照的な存在、HSSとは?

HSPの気質をもった人がいる一方、HSSの気質をもった人も一定数存在します。心理学者のマービン・ズッカーマンが提唱した概念であるHSSは、「highly sensation seeking」の略で、「刺激を大いに求めること」という意味です。変化すること、新しいこと、激しい感覚刺激などを好み、それを体験するためならリスクを負うことも厭わないという傾向があります。HSPとは対照的な外向型の遺伝的気質です。

『The Highly Sensitive Person in Love』(邦題『敏感すぎてすぐ「恋」に動揺してしまうあなたへ。』)では、HSPとHSSのマトリックスでの4つのタイプについて書いています(89ページの表)。

HSPのなかの3割ほどは、この「HSS&HSP」であると考えられています。HSS

＆ＨＳＰは、周りから見ると、好奇心旺盛で元気いっぱいに見えますが、刺激をたくさん受け取って疲れやすいのはＨＳＰと同じです。「外では元気で明るく見えるのに、家では人が変わったように内向的」という人はＨＳＳ＆ＨＳＰの可能性があります。安心・安全が保障され豊かに育つことができたＨＳＰが環境に適応するためにＨＳＳという仮面をかぶって生活する術を身につけたので、社会で生きていくための適応戦略と考えられています。

HSPとHSSの分類（4タイプ）

気質	HSP（＋）	HSP（－）
HSS（＋）	移り気で、神経が高ぶりやすい。刺激に圧倒されやすく、かつ飽きっぽい。新しい経験を求めるが、動揺や危険は冒したくない。	好奇心に満ち、やる気があり、衝動的で、すぐに危険を冒し、すぐに退屈する。状況の微細なことに気がつかないし興味もない。
HSS（－）	内省的で静かな生活を好む。衝動的ではなく、危険を冒さない。	それほど好奇心もなく内省的でもない。ものごとをあまり深く考えることなく淡々と生活している。

生活環境、思考のクセ、人間関係……悪化する原因はさまざま

自分がＨＳＰであることを認め受け入れたなら、次になすべきことは、現在に至るまで気づかずに繰り返してきた生活環境、思考のクセ、人間関係における悪循環や負のパターンを認めて離れることです。

一緒にいたら自分の正のエネルギーを吸いとられ、相手の負のエネルギーを注ぎ込まれる、そんな相手と一緒に暮らしたり仕事したりしていませんか。そんな環境からはいち早く離れることです。

複数の仕事を時間内に行わなければいけない、家事や仕事の忙しさはありませんか。そんなマルチタスクな状況からはいち早く離れることです。

騒音や怒声・罵声が飛び交う家や会社、多くの人が行き交う部屋や作業所、臭いや化学物質や電磁気の充満する室内や現場で過ごすことはありませんか。そんな目には見えない汚染のある場はとにかく避けることです。ひとりでいられる時間や空間がない、癒しの音楽や絵や写真、植物や動物や鉱物などがない空間、気のおけない仲間や気軽に話せる人たちがない環境。そんなリラックスできない環境からはすぐに去りましょう。

すべき思考や白黒思考（94ページ）、決めつけや一般化、過大評価や過小評価など極端な考え方や受け取り方をする家族や友人、上司や知人との人間関係に巻き込まれていませんか。そんな「認知のゆがみ」のある人たちには近づかないことです。

そのためにはまず、ＨＳＰの悪化に影響を及ぼしやすい要素を知るところから始めましょう。代表的なものを次ページの表にまとめました。

HSPの悪化に影響を及ぼしやすい要素

①生活環境 	「ちょっとした刺激にも反応しやすい」「同時に複数のことを行うマルチタスクが苦手」といった傾向のあるHSPが、それとは逆の環境で仕事をしたり毎日暮らしたりしていたら疲れ果ててしまいます。
②心のクセ 	人は誰でも心のクセをもっていますが、なかなか気がつきませんし直せません。「クセをなくす」と考えるのではなく、「よいクセ、楽しくなるクセ、ラクになれるクセを増やし膨らませていく」と考えるとよいでしょう。
③人間関係 	職場の仲間、家族、友人など、周りの人間関係は、非常に大きな影響を及ぼします。自分の境界線を守り、距離を保つためにも、自分と相手の課題をしっかり区別する必要があります。

すべき思考、白黒思考……自分のもつ心のクセを知ろう

人間は目の前の現実を心の鏡に映して見ています。一人ひとりが違った心の鏡をもっているので、現実は見る人によって異なり、自分にとっての現実は自分にしかないことになります。人には4つの特徴的な「心のクセ」とそれに合わせた「心の鏡」があり、人は時と状況に応じて使い分けていると言われています。

現実を過大に評価し、独りよがりに思い込むクセ、現実を決めつけたり部分的に見たり過小評価したりして自己満足するクセ、自分を否定しものごとを悲観的に捉えては諦めてしまうクセ、自分を正当化し相手を恨み被害者意識に陥りやすいクセなどです。現実を見る自分の心のクセや心の鏡がどうなのか。それを自覚することで自分が引き寄せる未来を予想でき、問題解決に結びつけることができます。

自分の未来をリアルにイメージすることでその未来を実現できるという「引き寄せの法則」がありますが、リアルにイメージしたものが心のクセによってゆがんでいたり、マイナス感情によって曇っていたりすると、イメージした「ゆがんだ未来」が現実になってしまうかもしれません。

HSPに特徴的な思考パターン

思考パターン	内容
白黒思考	ものごとすべてを「白か黒か」「YesかNoか」「0か100か」といった両極端で考えること
行き過ぎた一般化	経験や根拠が不十分なまま早まった結論を下すこと
心のフィルター	ものごと全体のうち、悪い部分だけに目がいってしまうこと
マイナス思考	うまくいったら「まぐれ」、うまくいかなかったら「やっぱりね」と考えること
論理の飛躍	相手の心を読み過ぎる、ものごとの結論を悲観的に想像してしまうこと
拡大解釈、過小解釈	失敗、弱み、脅威などは過大に受け取り、成功、強み、チャンスについては過小に考えること
感情の理由づけ	感情のみを根拠として、自分の考えが正しいと結論を下すこと
すべき思考	「すべきである」「しなければならない」と考えること
レッテル貼り	ひとつのものごとを通して、人にネガティブな評価を下してしまうこと
誤った自己責任化(個人化)	自分がコントロールできない結果を、自分の個人的責任と捉えること

トラウマがHSPに与える影響

トラウマとは、心に残した傷のことです。心がショックを受けたときに、「戦う」か「逃げる」か「固まる」かという動物的な反応を完了させないままに残した冷凍保存記憶とも言えます。

どんなことがそんなに激しい恐怖を与えるのでしょう。単回の虐待的なエピソードで急性のトラウマが生じることはもちろんありますが、慢性のトラウマは成長の過程で頻回に繰り返される親からの否定的言動によっても生じてしまいます。成長の過程で慢性に繰り返されるトラウマにより、注意・集中力や対人関係力、感情コントロール力の発達に問題が生じ、一見、発達障がいのような状態像がもたらされることがあります。

繊細で感受性が強く深読みする性質をもつHSPの女の子ならば、母親が何気なく口走った「本当は男の子が欲しかったの」のひと言は、とり返しがつかないほどの大きな傷を心にもたらしてしまうでしょう。そのために、その子は「自分は女の子らしくしてはいけないんだ」と思って、自分の女の子らしさを隠し、母親に気に入られるように男の子らしくふるまうかもしれません。母親に嫌われないように、あるいは母親を喜ばせようとして、本来のやりたい衝動や言いたい気持ちを抑えて育っていった結果として、自分が母親そのものになってしまうのかもしれません。

HSPの生まれもった神経のしくみである、強力な行動抑制システムが、トラウマ反応により、それに輪をかけて心の抑制を効かすことになっていきます。

親の言動がおかしいと感じながらも、親に逆らえずに親の思いを否応《いやおう》なくとり込んだ結果、「建前の自分」が「本音の自分」を否定してしまいます。この抑えられた苦しい感情は、やがて怒りの感情に姿を変えて、さまざまな身体の反応を起こしていきます。

小さい頃から母は私を
ハァ〜
“溺愛”と言っていいほどかわいがってくれた
ケーキ買ってあげるからね
次は遊園地に行こうね
でも「母の理想の私でいないと……」そう思うと……
言いたいことも言えなくなった
？
もっとおりこうさんでいなきゃ

ＨＳＰに起きやすい 親との愛着形成の難しさ

親に従って素直に育ち、人の気持ちのわかる素晴らしい子どもだと誰からも褒められるＨＳＰの子どもですが、親の言動の矛盾を感じとりながらもそれを表現できずに心のなかは苦しい思いや数々のトラウマでいっぱいになっています。

主観の世界から出て客観視が可能になってくる10歳の壁を越え、ホルモンの影響で脳も身体も急速に変化する思春期を迎えます。心のなかに湧き上がるマグマのような激しいマイナス感情は、自分や他人への攻撃行動か、思考や感情や感覚からの離脱症状か、快感を求めての逃避行動へと向かっていきます。

愛されない、大切にされない、価値を置かれない、無視される、責められる、気持ちが通じないなどさまざまな思いに心のなかが支配されます。その中心には寂しさと孤独感があり、怒り、絶望、空虚、寄る辺のない不安感、孤立無援感、激しい落ち込みなどを同時に次々と経験するようになります。

これらの感情のために、際限なく親にしがみついてしまったり、受け入れを求めたり、依存し過ぎたり、拒否されたときには激しく怒ったり落ち込んだりします。本来の自分らしさが成長できないまま心のなかに閉じ込められ、それを隠すように、それとは正反対の「思い描いた自分」を肥大化させ、等身大の自分がどこにも見つからないのです。自分の弱みを受け入れることができず、強みも見出せず、分裂した自分に苦しむのです。そのため、親との間に信頼や愛着が維持されにくく、過度に従順になり依存するか、逆に確執を抱えて離れるかしてしまい、着いたり離れたりの程よい関係を保つことが難しくなります。

境界性パーソナリティー

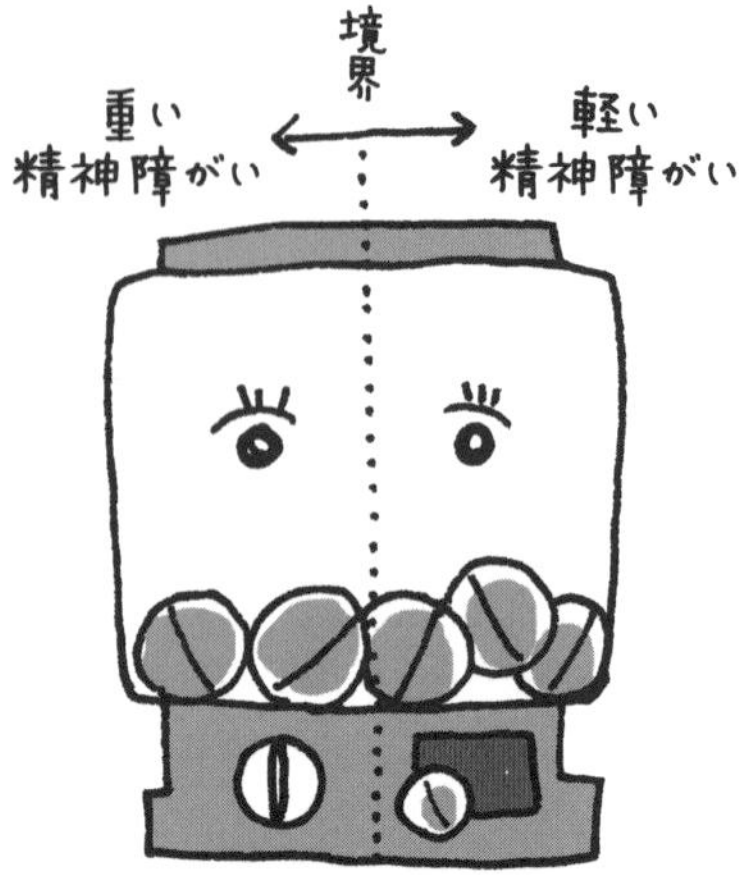

見捨てられ不安
周囲の人から見捨てられることを極度に恐れる

白黒思考
「よい・悪い」など両極端の思い込み傾向が見られる

対人操作
感情と行動が不安定になり対人関係がうまくいかない

行動化
自傷行為、迷惑行動を起こす

人によって出てくる症状はさまざま

理解されなさから親密さの回避が生まれる

「親密さの回避」という言葉があります。敏感過ぎる人は、さまざまな感覚が深く鋭いだけではなく、相手から頼られたり利用されたり、気がつかないうちに親密になり過ぎたり、相手のマイナスの感情や感覚を感じとってしまい、「怖い」「嫌だ」「気持ち悪い」という気持ちや感覚が強くはたらきます。

小さいときからこうした気持ちや感覚を繰り返し経験し、記憶してきているために、反射的にその記憶とつながり、それ以上親密になることを無意識に避けてしまいます。

幼小児期は主観的な世界に生きており、さまざまな感覚も生々しく、無意識の世界にも通じやすいため、外部の世界を客観的に理解することが難しいのが普通です。しかし、ＨＳＰの子どもはそのすぐれた感受性により大人の感情や感覚を感じとり、それが怖くて嫌で気持ち悪いので、かんしゃくやパニックを起こしながら必死の思いで遠ざかろうとするのですが、大人にはわかってもらえず生き延びるためには我慢せざるを得ないのです。そうした我慢が積み重なり、大人を責めずに自分を責めるようになり、自己否定が強くなっていきます。自分のつらさを、なんとかわかってもらいたいけれど思うようにいかず、嫌われたくない、見捨てられたくない、傷つきたくないという気持ちが、「見捨てられ不安」をもたらし「親密さを回避する」ことになります。安心して相手に身を委ねることができなくなり、距離をとってつき合ったほうがいいと考えてしまうのです。

アダルトチルドレン(AC)とは

親から十分なサポートを受けられずに育ち、自己評価が低く、周囲の評価に左右されて極端に不安になる状態。表面的にはしっかりしているが、誰にも弱みを見せられず、近い人には一転して依存的になり、自分と他人の問題の区別がつけられない。親に愛されなかった飢餓感や見捨てられ不安をもち続け、相手に依存したり、相手を束縛したり、受け入れられないと一転して反発する。

母親を支援するAC
自分を犠牲にして家族を支えながら育った場合
母親に支配されるAC
暴力的、心理的な虐待を受けて育った場合

父親に支配される母親を助けるために、自分が保護されることを断念し、自分の弱さを出せず、言われないのに母親の代理をして家族を助ける

情緒不安定で自己中心的な母親を悲しませたり怒らせたりしないために、母親の思い通りに動かざるを得ず、自分を責め自信をなくしてしまう

一番落ち着く場所
子どもの頃 こんなことがあった
お母さん
ん?
今日みんなで おでかけ するんだ よね?
シオリ 8歳
そのつもり だったんだけど ユイが 熱出しちゃったから また今度ね
行かないの?
仕方ない でしょ
ユイ 大丈夫?
伝染《うつ》るから あっちに 行ってなさい
……
パタン…
小さい頃は妹が病気がちで かまってもらえなかった

母は私のことなんか
好きじゃないんだと思って
家を飛び出し
本屋さんに
絵本コーナー
お母さん
これにする
むかえにきた
母に叱られたことも
ショックで
……
それ以来ずっと
「いい子」を演じてきた…

仕事帰り
久しぶりの大好きな本屋さん
なつかしい…
今も
この本
人気
あるんだ
……
何回も生きたねこ
やっぱり
ここに来ると
リフレッシュできる
まもなく
閉店のお時間です
ハッ
BOOKS
アイデア探しのつもりが…
閉店までの時間
あっという間だったな

HSPが知っておきたい心構え

HSPの特性をよく理解したうえで、それをどう受け入れるかが大切です。好き嫌いも、良し悪しも、正も邪も判断することなく、今のままの、あるがままの自分を受け入れ、それを前提として「これでやっていくんだ」「このままでいいんだ」という開き直った心構えをもつことが、あなたの人生をつくっていきます。

■ありのままの自分で道が開ける

常に変化し、波があり、段階もあり、タイミングもあるのが人生です。「もうダメ」「ここから動けない」「八方塞がりでどこにも出口がない」なんてことは絶対にありません。

厳しい現実の荒波におぼれて海の底に沈んだとしてもそのときはそのとき、動けないなりにやることは用意されています。一度死んで生まれ変わるチャンスをもらったのですから、元に戻ろうとあせることなく、嵐がおさまるときを待ち、進むべき方向を変え、自分にふさわしい安心で安全な船が来るまで準備をして待っているのです。

お先まっ暗になり何も見えなくなっても、自分の心を見つめ、心の目を開き、先を明るく見通すことで、必ず道が開けるものです。

私はこれまでまったく違う分野の仕事に4回転職したことがあり、その都度、初心者扱いでの研修からやり直しました。以前の経験がまったく役に立たない、そんな状況のなかで、失敗や挫折を繰り返しながら、自分に合った仕事や自分らしい仕事を見出してきた気がします。何をやってもうまくいかない、周りの誰ともうまくいかない四面楚歌の状況のなかで、「自分や現実を過大に評価し独りよがりに思い込む」心のクセに気がついたのかもしれません。自分を下げて相手を立てる作戦が功を奏し、危機を脱することができました。

ものごとがうまく運ばなくなったり苦しい思いがたまってきたら、自分がありのままでいられず自分らしさが失われているときかもしれません。

■プラス感情もマイナス感情も、どちらも大事にする

「自分はすぐにマイナスな気持ちになってしまう。もっとプラスにならなきゃ」といくら考えても、ゆがんだ心のクセや曇った心の鏡があるかぎり、なかなかマイナス感情から抜け出せないものです。

心のなかに「苦しい」「悲しい」「寂しい」「つらい」という幼いときの感情が渦巻いているかぎり、それが自分や他人への怒りとなって飛び出してくるのです。相手の何気ないひと言で、周囲の心ない言動で、たまたま見た映像の一場面で、過去のトラウマがフラッシュバックし、抑え切れない怒りや悲しみの感情が噴出してくるのです。そんな自分が嫌で惨めで情けなくて、自分の記憶を抑圧

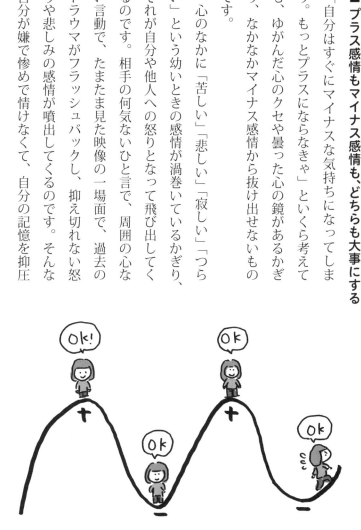

したり、感情や感覚を麻痺させたり、自分の意識から離れたり、心のなかに閉じこもったりして現実逃避してしまうのが人間なのです。

　自分のマイナス感情やネガティブ記憶に入り込み、のみ込まれ、圧倒されてしまわないで、自分を客観的に眺めて観察できたら大成功です。今の自分という感覚を保ったまま、出てくる記憶や感情や感覚を認め、味わい、出し切れたらもう大丈夫です。怒りが小さくなり、穏やかになっていく自分を経験できると思います。

怒りの感情の裏には「〜すべき」という心のクセが潜んでいると言われています。「こうあるべき」と決めつけているから、そうではない自分や相手に腹が立つというわけです。「○であっても、×であっても、どっちでもいい」と思えると、心が自由に動き、気持ちに余裕が出て、怒りがおさまっていきます。「出てくる感情をジャッジしない」ことが原則です。

第3章

HSPのことをもっと知ろう

ペースを乱されると
力を発揮できない
月雲シューズの
プレゼンの準備は
なんとか軌道に乗ったような
気がしたけど…
山本さん
この部分
この間のミーティングの
内容が反映されて
いないいんじゃないの?
ガタ
ガタ
「履き心地は天にも昇る」
っていう
コピーに
沿った
考え方
だったよ
ね?
はあ…部長
また言ってた
ことと違う…
今日の予定は?
これ 今すぐ
修正してもう1回
見せて!!
ガタ
ガタ
ガタ
こ この攻撃
耐えられない
……

えっと…
今すぐですか?
何言ってるのプレゼンまであと3日しかないいんだよ!
ビクッ
はい はい…
頼むよっ
忙しいから
きっと他の資料と混同してるんだと思うよ
あとでボクのほうからうまく言っておくから
す すみません お願いします

プレゼンテーションは
やっぱり苦手
月雲シューズ
月雲シューズ
プレゼン
テーション
会場
結局 堤課長の計らいで
冒頭部分は部長
主なプレゼンターは
課長が引き受けてくれた
部長も課長もさすが！
説得力ある…
10ページを
ご覧ください

山本さん
ここでは
ここの市場調査の資料はどうした？
えっ
市場調査の資料って…
パニック
あっ どこ!? どこだっけ!?
バサ
バサ
?
失礼しました お手元の資料の12ページを ご覧ください
ハッ

提課長
媒体は…
私 こんな大勢の前で失敗して…
あんなにがんばってまとめてきたのに…
交通広告、各種雑誌、それと若者が集う大通り、駅前の大型ビジョンもご提案します
結局 プレゼンは池谷《いけがや》部長と提課長に任せ切りになってしまった…
以上でわが社のプレゼンを終了します

山本さん
さっきはヒヤヒヤさせてくれたねー
……
まあ結果オーライだからな！
今日はすごく手ごたえがあったよ
ガハハハハハ
じゃあお疲れ――っ
シュッ
あれきっとボクとカン違いしたんだよびっくりさせたよね
すみませんでした…
この仕事がとれなかったら私のせいだ…会社辞めなきゃいけなくなるかも…
敏感メーター
ドキドキ
バクバク

自分のせいでも相手のせいでもない
プレゼンで失敗してしまって…
そうですか
でも自分を責めないようにしましょうね
今回のように予期できなかったことは誰でも防ぐのは難しいのですから
資料は?
どこ?
どこ?
そうでしょうか?
山本さんのような気質の方が今のお仕事をされるのは相当なご苦労があるでしょう
はあ…
ガヤ
ガヤ
ガヤ

あなたの 細かいところに
よく気がつく気質は
周りのみんなが認めています
ただあなたのセンサーが
周りの人より敏感過ぎるだけで
生きづらいのは
自分のせいでも
相手のせいでもないのです
では
今の環境を
変えるという
選択もアリ
ですか?
勇気がいること
ですが…
自分を受け入れて
よりあなたの気質を
活かす仕事に転職するのも
ひとつの手段
かもしれませんね
自分のペースで
何かをコツコツするのが
私らしい気がする…
Book

思い切って1歩踏み出してみた…
数日後 有給休暇をとって中途採用の面接を受けた
○○ビル
よし
よろしくお願いします
どうぞかけて
こちらがポートフォリオです
ドキ
ドキ
さっそく見せてもらいますね
へーっ かわいいイラストを描かれますね
山本シオリ illustration
あ ありがとうございます
数日前 堤課長に相談したら
実は転職を考えていまして希望職種はイラストレーターなんですけど…
そうか 山本さん絵が上手だもんな… ひとつ紹介してあげるよ

部長には内緒にしておくよ
はい 連絡先 ボクからも伝えておくから
ありがとうございます!!
社長を含め5人の小さなデザインスタジオを紹介してくれた
最近はイラストレーターに依頼する仕事が増えてきてちょうど募集しようかと思っていたところなんです
堤課長の先輩にあたる社長さんはご自身もデザインの仕事をされるプレイングマネージャー
では少し検討させてください 週明けにはご連絡しますね
よろしくお願いいたします
感触がよかったような気がする…

子どもの超感覚

子どもの発達問診チェックリストのチェック項目のなかに「〝超感覚〟の有無」をとり入れ、いつ頃にどんなことがあったのかを476名の親に丸つけしてもらったことがあります。その結果、児童精神科を受診した子どもたちのなかには、幻覚、超記憶、自然への感性、共感的理解、特定の恐怖など超感覚をもっている敏感な子どもがたくさんいることがわかりました。幼児期の44%は親が「人の気持ちが読める」と感じる子どもであり、子ども全体の22%は「見えないものが見えている」と親が感じていました。また、子ども全体の20%弱は「出生時や幼児期の記憶」があり、「自然への特別な感性がある」という結果でした。これらの複数の超感覚をもつ子どもは3～5%いました。

2004年の日本児童青年精神医学会総会にて村瀬先生らが、11歳と12歳の一般小学生約761名に対して、幻覚体験とうつ不安解離傾向に関する調査を質問紙法により実施したところ、幻覚を訴えた子どもは21・3％に及び、複数の幻覚、自己に関連した幻聴、はっきりとした幻視を訴えた子どもは解離や不安が高く、特に解離の影響が大きいことが判明したと報告しています。

マックギー博士は一般人口を対象に調査を行い、ときどきでも幻聴や幻覚を体験している子どもが8％存在したと2000年に報告しています。日本でも2008年に一般中学生5000人を対象に調査が行われ、声が聞こえる子どもが8％程度存在したと報告されています。声が聞こえている

子どもたちは、そうでない子どもたちに比べて、自分を傷つけたり、死にたい気持ちをもっていたりと、精神的な不調をきたすリスクが高い傾向があるようです。幻聴について研究していたエッシャー&ロームらは、幻声を体験する子どもたち80名を調べたところ約90%がトラウマを抱えていたと報告しています。

マインズ・アイと共感覚

ＨＳＰに特有のものというわけではありませんが、ＨＳＰは心のなかで想像したものを目の前や頭のなかに思い描け、それをあらゆる角度から見たり自由に操作したりできる「マインズ・アイ」と呼ばれる能力や、視覚と聴覚、色と数字、音とイメージなど異なる感覚が共存して感じられる「共感覚」などをもつことがあります。

マインズ・アイをもつ子どもは、自分の心の目をどこにでも動かせる性質があり、思い浮かべた心像をあらゆる角度から見ることができたり、心の目をあらゆる空間に飛ばしてものを見ることが可能です。肉眼で見た平面上の文字と心の目で見たそれがずれたり、心の目で見た文字が動いたりして、平面の文字が読みづらくなることがあります。

マインズ・アイという能力だけではなく、「マインズ・イヤー」や「マインズ・ボディー」

もあり、手紙を読んでいると書いた人の声が聞こえたり、運動でのイメージトレーニングによって、実際に行った場合と同じような効果が得られることなどが知られています。もちろん、味覚や嗅覚にも同様の現象はあり、こうした実際の五感を超えた「超五感」とも言うべき感覚が人間には備わっています。

共感覚とは、ひとつの感覚刺激が不随意に複数の感覚で知覚される現象です。その種類は多様ですが、最も多いのは「文字、数字、音、曜日などにいつも決まった色を感じる」「数字、音楽、瞑想などに誘発され、光や図形の動く映像が見える」などで

す。頭のなかに見える場合もあれば、外に見える場合もあります。共感覚者はおしなべて想像力、創造力、連想力、洞察力にすぐれ、感受性が高く、幼少期の記憶が非常に鮮明で、制御不能な好奇心とチャレンジ精神をもっています。色と数字の共感覚は約2％と言われていますが、共感覚全体では200人に1人ほどであるとのことです。

今後ＨＳＰはますます〝増えていく〟

今後、ＨＳＰに対する認識はますます広まっていくと思います。私が発達障がい臨床に携わった30年前は、発達障がいと言うと重い知的障がいや自閉症の子どもが児童精神科に少人数来院して診断されていた状況でした。

それが約20年前に『片づけられない女たち』（サリ・ソルデン著／ＷＡＶＥ出版）の出版により、大人にも発達障がいがあることが知られるようになり、アスペルガー症候群などの知的に遅れがなく文字や数字に強い自閉傾向をもつ発達障がいの診断がうなぎ上りに増えていったという経験があります。障がいそのものが増えたのか、診断率が高まったのかがよく議論になりましたが、結局は両方ともが原因だったようです。

ＨＳＰには、生まれもった遺伝子的素因以外にも環境の要因があると考えることもできますが、アーロン博士は「敏感性の進化的な理由」という観点から、主に遺伝子で決まると考えているようです。

地球の歴史を見ると、地球環境の大変動のなかで何度も種属の盛衰を繰り返した結果、ヒトが誕生し現在まで進化を遂げました。高度に進化した人間は、科学文明を発展させ、情報革命と言われる時代に突入しています。情報量の飛躍的な増大などにより、肉体よりは頭脳、頭脳よりは機械、現実よりは仮想を

昔の鉱山や炭鉱などではたらく工夫が作業場の空気の状態を確認するために小鳥（カナリアなど）を鳥かごに入れ持ち歩いていました。小鳥が、「酸素が薄い」「二酸化炭素が濃い」などの異常をいち早く察知し、危険な状態を回避することができました。HSPにもこういった察知する役割があると言われています。

より使って生きる時代が到来しています。そんな時代に、創造性や芸術性、思いやりや癒しの心をもったＨＳＰの存在は、環境や社会を破壊に導く力の危険性をいち早く察知し、時代に抵抗し流れを変える力となるはずです。

そんな「時代のカナリア」的な役割をもったＨＳＰが時代に押しつぶされずに活躍するためには、「普通とは質の違った感受性や創造性を生まれもった人たちがいる」という認識がどうしても社会に広まる必要があると思います。

敏感過ぎることは芸術性、創造性、癒しにつながる

私はHSPの性格検査に、ユングの性格分類をもとにしたポール・D・ティーガーの16の性格分類を使っていますが、最も多いと思われる性格タイプが内向・直感・情緒・柔軟の組み合わせの「芸術家タイプ」です。心の平和を求め、胸のうちに情熱を秘めた芸術家で、他の何よりも自分自身の心の調和を尊重し、感受性が鋭く理想を重んじ、誠実で自分が深く信じていることを実践したいと思っています。しかし、あまり論理を重視しないために、時に事実を誤認してしまったり、自分の理想を追うあまり、他の視点からものを見ることができず、思い込みが激しく頑固になる傾向があります。

HSPは子どものときから自分だけに見える想像上の友達がいてひとり遊びをしていたり、上手とは言えないお絵かきでも色づかいが豊かだったり、平面画ではなく立体的に描

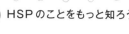

けていたり、虹や太陽や天使などを描くことが多い印象です。一方で、読み書きや計算などのプリント学習が苦手で、身体が細く姿勢が悪く運動が苦手な子が目立ちます。とても優しく親切で、大人びたところがあり、友達を助けたり相談に乗ったりする天使のような性格で、絵や歌や本が得意で大好きだったりします。アインシュタインや黒柳徹子さんもそうだったようですが、幼少期に好奇心旺盛で空想的で注意散漫だったり、勉強が嫌いだったり集団活動が苦手だったりするので、特別支援教育が必要になったりします。優しさ、共感性、母性……敏感過ぎる人には「人に気づかせ、人

を癒す」素晴らしい能力があります。競争原理、経済至上主義、出来高優先……そんな父性が力を発揮する家庭や時代に生まれ、そのゆがみをまっ先に受けてその行き過ぎに気がつき、優しさ、共感性、母性の大切さを気づかせる役割があるのかもしれません。

自分の能力以上のことや自分らしくないことをしてまでも、「多くの人を癒せるプロになる」などという大げさなことを考えずに、まずは家庭や家族、友達や職場などの身近な範囲で、身の丈に合ったことを人のためにやってみることです。そうやって自分らしさを実感できたとき、あなたは生きることの意味や幸せを実感できると思います。

世界のリーダーたちの多くは内向型

ＨＳＰの気質をもった人たちはすべて、クヨクヨ、オドオド、グルグルと生きづらい毎日を過ごしているのでしょうか？　そんなことは、まったくありません。むしろＨＳＰの特性を活かし、世界で大活躍してきた人たちがたくさんいます。

その代表は、「ユング心理学」で知られる、スイスの精神科医・心理学者カール・グスタフ・ユング（１８７５-１９６１）です。彼は、世界ではじめて「敏感さ」というテーマを研究した人として知られていますが、それは自分自身の敏感さに悩まされていたからなのです。

第16代アメリカ合衆国大統領のエイブラハム・リンカーン（１８０９-１８６５）は、自分自身の内向型人間としての特性を活かして、人々をまとめるリーダーになっていきました。

また、相対性理論を発表した天才物理学者アルベルト・アインシュタイン（1879-1955）は、イメージ力、感性、芸術性が高く、HSP気質をもっていたと思います。

『Quiet～内向型人間の時代
社会を変える静かな人の力』
（スーザン・ケイン著、古草秀子訳／講談社）によれば、マイクロソフト社の創業者ビル・ゲイツ、投資家のウォーレン・バフェット、インドの指導者マハ

トマ・ガンジー、映画監督のスティーブン・スピルバーグ、『ハリー・ポッター』シリーズの作者J・K・ローリング、スヌーピーの生みの親チャールズ・シュルツ、Googleの共同創業者ラリー・ペイジなども内向型人間だそうです。

自分らしさを発揮できれば、敏感で生きづらい世界を生きがいのある世界へと変えていくことができます。

生まれ変わるきっかけ
私が担当した例のプレゼンは見事というかまぐれというか
月雲シューズのコンペ勝ったぞ!!
やったね山本さん
よしっ
ホッ
クライアントに気に入ってもらって新商品のプロモーションが進められた…でも
よしっ! 準備に入るぞ
はいっ
そのようなときに申し訳ない気持ちもあったけど…
部長 一身上の都合で……
採用の通知をもらったあとすぐに辞表を出した
お世話になりました
えっ
今は仕事の引き継ぎで少し慌ただしい…

月雲シューズのプロモーションは私が引き継ぎますが山本さんから進捗報告をしてもらいます
はい
あとは詰めの段階ですこちらに要点をまとめました
すごい!よくまとまってる!!
わかりやすいしていいねい!!
なんで辞めるのかねえ…
山本さんの評価は高いんだよー!
ここまで積み上げてきたのに〜

これが最後だ!
もう1回 考え直してよ~
ストレス
ズズン
実績
ズン
そこまで言ってくださって
ありがとうございます…でも…
こっちに来ないでっ!!
グイッ
やはりダメか…
ガックリ
すすみません……
重くのしかかっていたものが
全身から離れた気がした
いつもと違う
スゥ

第4章 対応できる技術を身につけよう

ちょっと遠まわりしただけ
そうですか 転職決まりましたか
はい でも部長からの引き止めで苦労しました
辞めないでーっ
せっかくキミの案のプレゼンが通ったのに
もう少し一緒にがんばろうよー
ほーっ それもよく乗り越えましたね
生まれてはじめて自分で自分を守ったような気がします
いい子でいなきゃ…
出てって!!
本当によかった 山本さんのような方は
いろんな人を束ねて調整していく仕事よりも
ひとりでコツコツ何かをつくりあげる仕事のほうが向いていると思っていました

たとえばこれらの職業はHSPに向いていると言われています
画家
音楽家
シーン2
映画監督
カメラマン
小説家
など
センスやひらめき感受性の豊かさが活かせる職業ですね
私も学生時代は美術部で絵を描いたりパソコンソフトを使って絵本のキャラクターを描いたりしているのが何より楽しかったです
そうですね
自分の気質に気づいて天職についた……ちょっと遠まわりしただけですよ
本当に気づけてよかったです

私って変わった…？
黙々…
新しい職場で1カ月
すごく居心地がいいな…
静かだし…
このアイデアいいかも…
山本さん
あ社長
昨日のパンフレットクライアントが大喜びだったよ
いいね!!
本当ですか？

あのキャラクターを使って別の商品パンフレットもつくりたいって
やったー！
うれしいです!!
シオリさんすごいなー
いえそんな…
職種のせいなのか今の仕事仲間とはいい関係でいられる
シオリさんこのあと少し時間とれますか？最終打ち合わせをしたいんですけど
はい
えーっともうひと案考えたいから…

それじゃ30分後にしてください
思ったことも言える
わかりました30分後にお願いしまーす
はい
よーし やるぞ!!
森のイメージは……
少し残業もあるけど前とは全然違って疲れがたまらない
小林さーん お待たせしました 打ち合わせお願いします
私って変わった?
自分の弱さを受け入れたときに周りの見え方が変わってきますから
ううん きっと私自身は変わってないよね

今日も夕飯いらないの?
うん 遅くなる
最近また帰りが遅いじゃない ムリしないでね
うん ありがとう
楽しいから平気!
気をつけて
じゃ いってくるね
お姉ちゃん 変わったよね
変わったって何が?
うーん すっきりしたっていうか… なんかいい感じ
お母さん このパン おいしい
この調子で彼氏までできたりして

知る、心構えをつくる、対応する3段階で対処する

HSPの生きづらさを解消するうえで大切なことは、知識、マインド、技術をもつことです。これは心理療法でも使われている基本的な考え方です。

ステップ1

知る（知識）

敏感さの中身や度合いは、人それぞれで違います。HSP全般について知ることはもちろん大事ですが、「どの感覚が敏感なのか」「どんな発達の特性があるのか」「どのような性格や人格なのか」「精神状態はどうなのか」など、あなた自身の特性についてもよく把握しておく必要があります。

ステップ2
心構えをつくる（マインド）

あなた自身の特性を調べて理解したあとは、「あなたの心のクセや心の鏡がゆがんでいないか、曇っていないか」「過去、現在、未来のどこを向いているのか」「どんな人生の目標をもっているのか」など、状況ではなく自分の内面に焦点をあてます。

ステップ3
対応法を身につける（技術）

自分を守るための具体的な技術や方法を学んでいきます。「自宅で気軽にできる方法」「緊急時の対処法」「困ったときに相談できる相手」「いつでも使える癒しのグッズ」など、頭で「なるほど」と思うだけでなく、必要なときに使えるように訓練しておくことが大切です。

ステップ1の「知る」については66ページのセルフチェックリストや第1～2章を通じて理解を深めていただけたことと思います。ステップ2の「心構えをつくる」は107ページ以降で詳しく解説しました。ここであらためてHSP全般の特性や自分自身の特性などについて振り返ってみましょう。

この第4章では、ステップ3の「対応法を身につける」について、具体的な方法を紹介していきます。

紹介項目のすべてを行う必要はありません。まずは、今の自分にしっくりくるものをいくつか選んでやってみましょう。

見つけよう！

あなたに合った対応技術

ここで紹介するさまざまな方法のうち、今の自分にとって興味や関心を抱いたもの、これならできそうと思ったものなどを選んで、毎日の生活にとり入れてみましょう。そして、効果があった、続けていて心地よいと感じられたものはぜひ続けてみましょう。好きなことや得意なことで自分を満たしていけば、きっと元気になれます。

■思いを書き出し、誰かに受け取ってもらう

心にたまったマイナス感情は普段は気づかなくても、何かことが起こると怒りとして出てきて自分や周囲を困らせます。心理治療やカウンセリングなどで心を開き相談したとしても、忘れていた記憶や感情があふれ出てくるものです。自分も相手も、マイナスの記憶や感情に向き合うのはつらい作業ですが、それを安心して出せて安全に受け取ってもらえ

る環境や人がいれば助かります。

自分には、そんな環境や人などいない、いるはずもないなどと考えて、自分の可能性を閉ざしていたら1歩も進みません。自分が困っていることを表に出さずに誰が気づいてくれるでしょう。人には出会いがあります。でも、それは自分から発信して求めた結果なのだと思います。ですから、まずは自分がマイナスの記憶や感情を発信すると決めることで、チャンスが生まれます。受け取ってくれる人、助けてくれる人がきっと現れますので、自分から求めてそのチャンスをつかんでください。

ただし発信する相手も忙しいかもしれま

せん。直接話せなければ、メモでも手紙でもメールでもかまいません。書いて送ればよいのです。マイナスの記憶や感情を書き出して手放すこと、それだけで立派な自己治療です。

■敏感過ぎる自分に対して、心のなかで「そうなんだね」と言う

心がとても傷ついている状態では、誰かと話しているとき、テレビを見ているとき、本を読んでいるとき、夢を見ているときなど、思いもよらず突然に、普段忘れていた気持ちやイメージが思い浮かんできて、マイナスの感情や感覚がよみがえり苦しくなることがあります。

感情や感覚を麻痺させている状態では、身体に症状が現れ、パニック発作や身体疼痛におそわれることがあります。自分から意識を解離させている状態では、感覚が異常に過敏になったり、逆にほとんど

感じなくなったりします。そんなことが起こってしまうのは、普段から自分のマイナスの感情や感覚を無視して放置し、手あてしていないからなのです。

痛みや怒りは、自分が自分らしくいられない不自然な状態が自分にあるというサインでもあるのです。ですから、あなたがしなければならないのは、痛みや怒りを無視したり抑えたり治したりすることではなく、まずは、それに気づき、認め、受け止めてあげること、「そうなんだね」と自分に言ってあげることなのです。

■「ありがとう」「ごめんなさい」「許してください」「愛しています」と自分に言う

これは「ホ・オポノポノ」という、ハワイ先住民の呪術師たちが行っていた問題解決の技法を、各個人が直接問題を解決できるようにとアレンジしたものと言われています。やり方はとても簡単で、自分の心のなかにいるウニヒピリ（インナーチャイルド・潜在意識）に対して、「ありがとう」「ごめんなさい」「許してください」「愛しています」の4つの言葉を声に出して語りかけるのです。

それには、（嫌な気持ちを抱えたまま耐えてくれて）「ありがとう」、（そんなあなたに気がつかないで）「ごめんなさい」、（あなたを放っておいた私を）「許してください」、（本当にあなたのことを）「愛しています」という意味もあるようです。脳は自分の声も人から言われた言葉も区別できないので、言葉を声に出すことで人から言われたのと同じ効果をもちます。幼い感情はお腹に宿っていると言われていますので、右手で自分のお腹を右回りに擦りながら言うと効果的です。

■マインドフルネス瞑想をする（感情や感覚に集中し雑念を払う）

人の脳は、身体の外からの情報を受けて処理して意識化する方法と、記憶や潜在意識のなかの情報をとり出して処理して意識化する方法の2つを使い分けていますが、同時に2つを行うことは難しいしくみになっています。

静かな場所に座り、瞑想や黙想をして外の世界からの情報を減らすと、否応なく記憶や潜在意識の情報が浮かんできて、「頭を空っぽにする」などということはなかなか難しいものです。そういうときに、雑念を払う方法のひとつは、雑念を無視する、気にとめない、受け流す、やり過ごすという方法です。

もうひとつは別のことに意識を向ける方法で、その瞬間の呼吸や心拍や内臓の動き、お尻や足の裏の感覚などの身体感覚に焦点を合わせると雑念が意識されません。他には、お経や祝詞やマントラを唱えながら祈りに集中する方法もあります。自分が発した声や言霊により神経が鎮まり集中できます。

人の悩み・苦しみは、過去や未来に意識が飛んでいて、「今、ここ」の瞬間の感覚や感情を味わえていないことから生じます。「今、ここ」に意識を集中するこうした技術は、マイナスの記憶や感情の爆発や抑圧や解離を防いでくれるすぐれた「心の安定化技法」と言えます。

ナポレオン・ヒル（アメリカの著作家）は自らの挫折体験から、「明確な目標とゆるぎない信念」「自制心と、他人との協調」「他人がやっていない努力」が人を成功に導く力であり、「思考は現実化する」と説きました。

人がなんと言おうと自分は「こうする、こうなる」という強い思いはいったいどこから生まれるのでしょう。失敗し挫折して、生きる意味や目標、希望や意欲を失った人が、そのような強い意思をもつようになれるものでしょうか。

占星術や易経などで驚くほど人の運勢が言いあてられてしまう事実からすると、人の一生は定められたものであるかもしれません。しかし、それは無限にある人生の選択肢のひとつかもしれず、運命は生きながらにして選択し変えることができると考えてよいのではないでしょうか。思っていることが実現できるなら、人生は捨てたものではないはずです。

ただ、多くの人は「そんなはずはない」「そんなことはムリだ」と思い込んでいるものですから、これでは自分の人生のスタート地点にも立っていないのと同じです。根のない浮草、糸の切れた凧のようにどこまでもフラフラと目的なく風に吹かれて動かされてしまいます。

今の状況を離れて次のステージに進むためには、今までのことをやめて新しいことをしたほうがよいのです。今までのことを捨て、ゼロになるからこそ新しいものが手に入るのです。これまでの自分を支えてきた人、物、金、時、情、信などを思い切って手放し、自分が新しく出会った人や状況、新しく湧いてきた希望や目標に自分を委ね任せてみるのです。そうすると「こうする、こうなる」という強い思いが不思議と出てきます。

マインドフルネス瞑想

❶目をつぶる

❷7秒かけて鼻からゆっくり息を吸う

❸次に7秒かけて鼻からゆっくり息を吐く

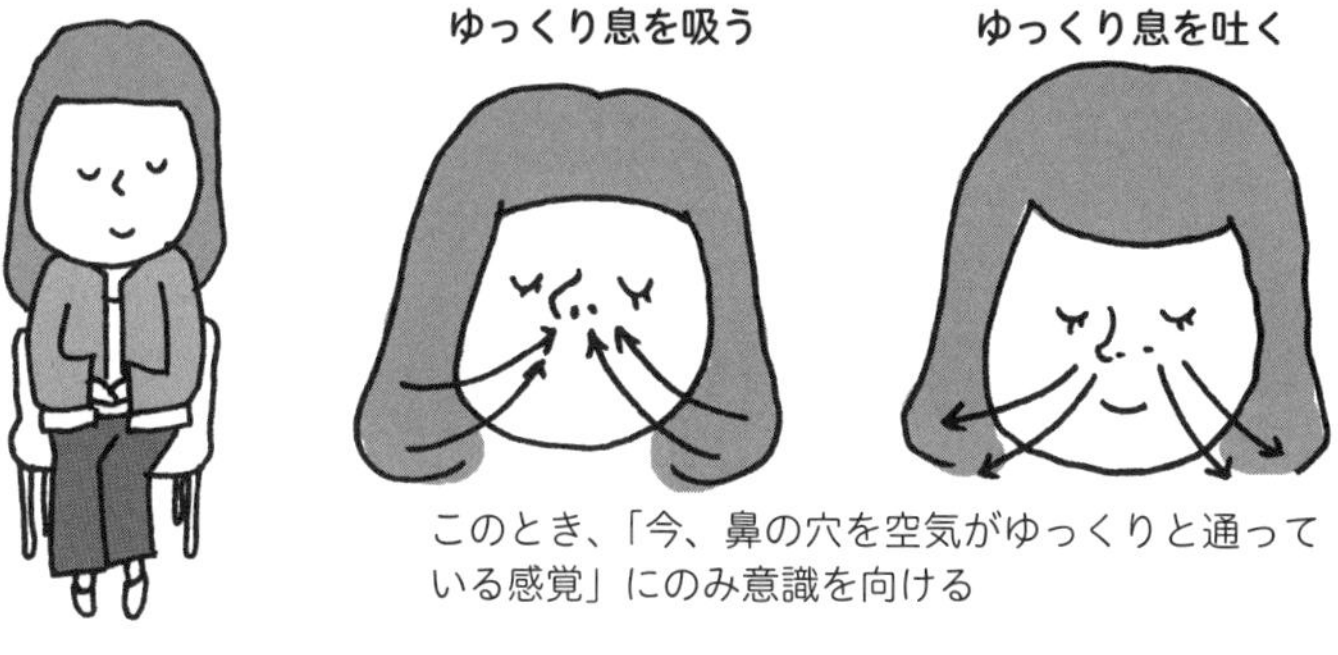

このとき、「今、鼻の穴を空気がゆっくりと通っている感覚」にのみ意識を向ける

これを1日10セットほどやってみましょう。「今、ここ」に集中する時間をもつだけで、過去の不安、未来の不安から解き放たれ、頭も心もスッキリします。

■同じ悩みを受け取ってくれる相手を選んで「弱い私」「ダメな私」の話をする

精神障がいの治療に新たな方法が登場しました。北海道浦河町の小さな教会で生まれた「当事者研究」という方法です。専門家の用語や考え方、治療に縛られることなく、障がいをもつ当事者たちが経験してきた治療や生活、人生における智恵を出し合って、自分の困っていることを仲間とともに考え、自分の助け方を探っていくという新たな方法です。

専門家ひとりの考え方や治療法にはない、非現実的ではあってもユニークな対処法が話し合いやロールプレイングのなかから生まれてきます。それまで「自分の弱さ」「自分だけ」「恥ずかしい」などと思っていた「人に言えない悩みや困難」も、理解され共有できる仲間だと感じたとき、弱さを絆にした仲間ができてきます。

これだけは恥ずかしくて人に言えなかった、これだけは絶対言えないという本音を出せたときが、心のなかの天岩戸《あまのいわと》が開く瞬間です。隠れていた自分らしさ、本当の自分が出てきます。

■「自分と相手を区別する」というイメージトレーニングをする

発達障がいや愛着障がいをもつ人たちと同じように、HSPも自他を区別し自分を守る境界線の意識が弱いのです。自分が利他的な心の自分（自己）と利己的な心の自分（自我）とから成り立っているとしたら、安心や安全を得られずに育ったHSPは、生まれもった自己が闇に覆われ、つくられていくべき自我が弱いままでいるような状態です。このようなHSPは、心の闇をはらい、本来の自己を見出し、自分を守る境界線を強くすることで自分らしさを感じ自分を保つことができます。心理学的に自我の3要素は「人と親密な関係ができる」「自分を好きになれる」「感情や行動を調整できる」ですが、これらが育つ環境がなかったために境界線が弱いままになっています。

境界線を強くするには、まずは、自分と他人の課題を分ける境界線というものがあり、それは利己的ではあるけれども人が生きるうえでは必要なものだと理解することが大切です。次に、自分は目的をもって生まれてきた利他的な存在であるが、自己を犠牲にすることとは違うのだと理解することです。そのうえで、ダメな部分も含め「ありのままの自分」をそのまま受け入れ、自分が自分にイエスを言い、自分で自分をいたわることです。

自分をいたわるとは、安心・安全な場所で、大切にしてくれる人たちとともに、自分が楽しく、うれしく、喜べるところに身を置くことです。

ＨＳＰは、さまざまな人から身を守る必要があります。具体的には、正直者で騙されやすく自己主張の弱い存在をイジメの格好の餌食だと狙っている人、心豊かで良心的で愛に満ちた存在からエネルギーを吸いとろうとする人、責任感が強く嫌と言わずに助けてくれる存在と見るや平気で依存してくる人などからです。

イメージや感覚が豊かなＨＳＰであれば、強い境界線をイメージでつくったり、エネル

ギーを吸いとる相手からの触手を切り離したり、相手との間にシールドをイメージしてシャットアウトしたりするとよいでしょう。

■米、水、塩、彩り、添加物など食事を見直す

私は、開業してから、精神科の薬漬け医療から脱するためにさまざまな代替医療をとり入れていますが、そのひとつが食事療法です。勤務医のときは、冷えた病院食ばかりひとりで時間外に食べていたのですが、開業してからはつくりたての温かい家庭料理を調理してくれた人と会話しながら決まった時間に食べるようになりました。そうして気がついたことは、食事というのは内容もさることながらつくった人の気持ちをいただき感謝して食べているということでした。「いつもありがとうございます」という気持ちでいただく「つくった人の顔が見える食事」のおかげで、開業の激務のなかでも風邪ひとつひかずにがんばれています。

マクロビオティック（＊）では、万物は陰と陽とからなるものの相対的・流動的な存在であり、「陰極まりて陽となり、陽極まりて陰となる」と言われています。ま

＊マクロビオティック：食生活による長寿法について提唱された理論や方法

た、万病の原因は陰か陽の過剰にあるとされ、玄米と鉄火味噌とゴマ塩が最高にバランスのとれた食事であり、余計なものを食べないでいると身体が飢餓状態になり、身体にため込んでいた毒を排出し、好転反応が起きると言われています。私が診ている患者さんのなかにも、極小食やマクロ食を実践して体調が回復し、敏感さも軽減した人たちがいました。

身体では、陰の気は左半身と下半身、陽の気は右半身と上半身にあるとされていますから、農薬、化学肥料、合成添加物、精製砂糖、精製油などの極陰食や、大根、ニンジン、ゴボウ、昆布などは陽の気であることも考えて食事してください。

■身体を丈夫にする

発達障がいカウンセラーでもありスピリチュアルヒーラーでもありアスペルガー症候群の特性ももつ吉濱ツトムさんは『隠れアスペルガーという才能』（ベストセラーズ社）という本を書いています。そのなかで彼は、ご自身の治療経験から「心や感情の問題は肉体の強化で改善する」と主張しています。

スピリチュアルにはまってかえって問題をこじらせてしまった過去の経験から、「感性を磨いてはいけない」「霊力を鍛えてはいけない」「身体の感覚に従ってはいけない」「瞑想をしてはいけない」の4つを禁則事項にし、食事については「1日1食」「ローカーボ（糖質制限食）」「必須栄養素の大量摂取（サプリメント）」を、運動については「2日に1回、30分間のランニング」を、毎日の生活習慣のルールにすることなどを提案しています。

そのなかで、マイナスの行動をできるだけ減らし、望ましいプラスの行動をいかに増やすかが重要だと言っています。HSPのなかにはスピリチュアルな感覚をもちスピリチュアルにはまる人もいるので、陽の気に偏らず陰の気を強くするために吉濱さんの提唱するような生活方法も大切だと思われます。

■見えないものに怯えない、逃げない

ＨＳＰのなかには「見えないもの」に悩まされている霊媒体質の人もいます。霊といっても極悪で邪霊のようなものから崇高な精霊までさまざまなのは人間と同じなのかもしれませんが、生きている人の念が生霊となって人に影響したり憑依する場合もあり、霊的憑依という現象は複雑です。

霊に憑かれやすいのは、異常に恐怖心が強い人や優しくて共感能力が高い人だそうで、いたずらに怖がったり同情したりしないことが肝心です。ある霊能者に言わせれば、深刻な霊障は2割くらいであとは本人の思い込みだそうです。

カナダの清流で釣りをするときには熊が出るので、釣り人には熊が出ても「怖がらないこと」「逃げないこと」「餌を与えないこと」を指導するそうです。また、クジラと泳ぐ日本人の女性ダイバーがクジラに追われて怖い目にあったとき、先輩ダイバーは「怖がるな」「逃げるな」「自分を大きく見せろ」と指導していました。

これらの例からわかることは、人でも霊でも動物でも、怖くて嫌な相手に対して、強気の姿勢で怖がらず、関心を向けないこと、原因は自分の思いや思い込みにあると考えるこ

とです。

避けているのに相手から来られたら、キッパリと恐れずに、「嫌だ」「困る」「役に立たない」「関係ない」と断ることです。それでもダメなら、相手は本物の「悪」かもしれないので、専門家に相談するのも一手でしょう。

せっかく敏感に生まれてきたのだから
新しい職場にもすっかり慣れた
シオリさん 今晩 みんなで打ち上げすることになったんだけど 時間どうかな?
わっ すみません
今日はどうしても用があって…
わかった またねー
お先に~!!
お疲れさまでした
さむっ
舞い上がれ!! Buttoby!

バイト
がんばって
買っちゃ
おうかな
あれ
いいよねー
欲しいなー
ねー
ごめーん
待った？
ううん
そんなに
お姉ちゃんから誘って
くれるなんて珍しいね
さっ
寒いから
入ろう
このお店
前から気になって
たんだよねー
彼氏と来たかった？
この間 別れ
ちゃったんだー
あははー
せっかく敏感に生まれて
きたんだから…
いいところも 悪いところも
わかったうえで
上手に生きていくほうが
楽しいよね

おわりに

２０１６年９月に精神科クリニックを開業するにあたって、自分はどんな診療をしていくのかを考えました。

従来の精神科では十分に診てもらえない、理解してもらえない、話を聞いてもらえない「敏感過ぎて困っている人」たち。病気や障がい扱いされたくない、薬や検査漬けにされたくない、長い時間待たされたくない「敏感過ぎて困っている人」たち。自分の強みや弱みを知りたい、家族や職員の相談をしたい、心理治療や代替医療を受けたい「敏感過ぎて困っている人」たち。そんな「敏感過ぎて困っている人」たち、の相談に乗れる場所にしたい。

そこに行けば治してくれる、癒してくれる、なんとかしてくれるのではなく、自分の得意と不得意、強みと弱み、本音と建前に気がついて、「自分らしさを知り」「ありのままの自分を受け入れて」「こう生きると決める」勇気と覚悟を引き出したい。親や自分や他人を責めたり恨んだり悔やんだりせず、「生まれもった身体や能力」「生まれ落ちた地域や世界」「生まれ育った家族や環境」を責めたり恨んだり悔やんだりせず、自ら選びかつ与えられた運命を受け入れながら、逃げることも避けることも恐れることもなく、前向きに強気で生きる勇気と覚悟を引き出したい。

開業してからの半年間はこれまでの人生で最も忙しく目まぐるしく疲れ果てた時間でしたが、本当に不思議な出会いや気づき、導きや促し、チャンスやピンチがあり、「もち過ぎていたもの」「もたなくてもよかったもの」「もちえなかったもの」を手放す時間でもありました。ひとりの人間を見るには肉体、感情、精神、スピリチュアルなど多様な見かたや接し方が必要ですが、好き嫌い、善し悪し、勝ち負け、敵味方、正邪、上下などの二分法を用いているかぎり、ありのままの人の在り様を見ることにはならない。人の成長には多様な波や段階やタイミングがあるのだから、「そうある必要があって起こっている」「すべてはうまくいくようになっている」「人それぞれに課題は違っている」と思うようになってきました。

ＨＳＰはとにかく責任感が強く自責の念が強過ぎるので、「自分はこれでいいのだ」「この自分でやるしかないのだ」「これしか方法はないのだ」と自覚したとき、人には頑固、わがまま、こだわりなどと言われるかもしれませんが、自分本来の力を発揮できるようになります。「監視や時間制限や評価を受けず」「人に邪魔されないで」「自分のペースで好きなようにできる」仕事や役割につけるとありのままの力が発揮されます。

ＨＳＰは純粋で感度が高く直感にすぐれていますが、自他を区別し自分を守る境界線（自我）が弱いので、周りの負のエネルギーに狙われたり、エネルギーを吸い取られてしまう傾向があります。自己の成長のためには、「苦手なものとは物理的な距離をとり」「ネガティブなものを吐き出し」「自分を守るシールドをつくり」「こまめに休息をとり」「ひとりの時間を確保する」ことが必要です。

人は生まれもった特性や気質だけではなく、親や地域や時代の常識や価値観を否応なく請け負わされ、それとして生きていく運命を背負っていますが、一方で、「現実のプラスの面にだけ目を向け」「自分に必要なものだけを切りとり」「自分だけにしかないものをつくり出し」「現実に向かって出力する」ことで自らの運命を変えていくことができるのです。

科学的なものの見かたや考え方に縛られているかぎり、人の心に関する知識や理解は、心の専門家たちにおいてさえもまだまだ不十分であるように思えます。内容や程度はさまざまですが、病気や障がいの有無にかかわらず、敏感過ぎる自分にどう対処してよいかわからずに困っている人たちがたくさんいます。HSPという概念が、そんな人たちに生きる勇気と希望を与えてくれる心の拠り所になって欲しいと願ってやみません。

最後に、いつもたくさんの情報や支援していただき、HSPについての知識と理解をさらに深めることのできる、『敏感すぎる人が快適に生きる本――HSPの能力を生かす――』(トリア社)を出版された苑田純子さんに厚く御礼申し上げます。また、この本の出版のためにご尽力いただいた小林美香様、ビーコムの島田栄次様、イラストでお世話になったえのきのこ様に心より感謝申し上げます。

長沼 睦雄

著者

長沼睦雄（ながぬま・むつお）

十勝むつみのクリニック院長。日本では数少ないHSPの臨床医。平成12年よりHSPに注目し研究。北海道大学医学部卒業。脳外科研修を経て神経内科を専攻し、日本神経学会認定医の資格を取得。北海道大学大学院にて神経生化学の基礎研究を修了後、障害児医療分野に転向。北海道立子ども総合医療・療育センターにて14年間小児精神科医として勤務。平成20年より北海道立緑ヶ丘病院精神科に勤務し、小児と成人の診療を行っていた。平成28年9月に開業し、HSP診療に専念。脳と心（魂）と体の統合的医療を目指している。

クリニックホームページ：http://mutsumino.info

イラストレーター

えのきのこ

神奈川県在住。夫と息子、娘とネコ3匹との7人暮らし。クスッと笑えてほっこりさせるをモットーとするイラストレーター。著書に『マンガでわかる 英語がスッと出てくる新感覚英会話』（高橋書店）などのコミックエッセイ。他、書籍、雑誌、web、広告などのイラスト制作で幅広く活動中。仕事の合間に家庭菜園や近所の里山散策などにいそしんでいる。

編集協力／島田 栄次（ビーコム）
装丁／小松 真也・山路 牧子（シーズ広告制作会社）
本文デザイン／石川 裕子（ビーコム）
執筆協力／高橋 淳二（有限会社ジェット）
翻訳協力／リングァ・ギルド

本書は、2017年4月に小社より刊行した『コミックエッセイ 敏感過ぎる自分に困っています』を新書化したものです。

宝島社新書

コミックエッセイ
敏感過ぎる自分に困っています
(こみっくえっせい　びんかんすぎるじぶんにこまっています)

2018年11月24日　第1刷発行

著　者　長沼睦雄
発行人　蓮見清一
発行所　株式会社宝島社
〒102-8388 東京都千代田区一番町25番地
電話：営業　03-3234-4621
　　　編集　03-3239-0926
http://tkj.jp
印刷・製本　サンケイ総合印刷株式会社

First published 2017 by Takarajimasha, Inc.
Printed in Japan
ISBN 978-4-8002-8985-8